AF589917

DÉPARTEMENT D'ILLE-ET-VILAINE

VILLE DE SAINT-MALO

INVENTAIRE SOMMAIRE

DES

Archives Communales postérieures à 1790

PÉRIODE RÉVOLUTIONNAIRE

PAR

H. HARVUT, Chef de Bureau à la Mairie, Officier d'Académie

Membre de la Commission départementale pour l'Histoire économique de la Révolution

COLLECTION

DES

INVENTAIRES SOMMAIRES

DES

ARCHIVES POSTÉRIEURES A 1790

(Période révolutionnaire)

Publiée sous la Direction

DU

MINISTRE DE L'INSTRUCTION PUBLIQUE ET DES BEAUX-ARTS

ILLE-ET-VILAINE

DÉPARTEMENT D'ILLE-ET-VILAINE

VILLE DE SAINT-MALO

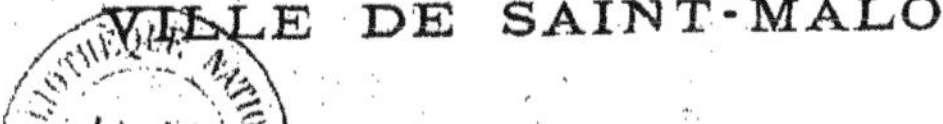

INVENTAIRE SOMMAIRE

DES

Archives Communales postérieures à 1790

PÉRIODE RÉVOLUTIONNAIRE

PAR

M. H. HARVUT, Chef du Bureau de l'Etat Civil, Officier d'Académie

SAINT-MALO

IMPRIMERIE P. CHENU, 1, RUE DE LA HARPE

1907

DÉPARTEMENT D'ILLE-ET-VILAINE

VILLE DE SAINT-MALO

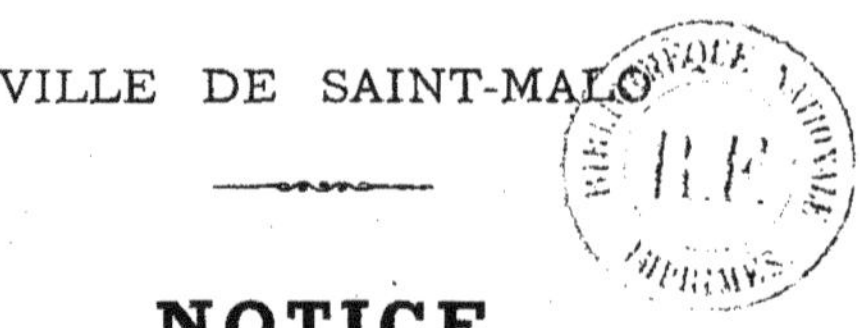

NOTICE

SUR LES

ARCHIVES DE LA PÉRIODE RÉVOLUTIONNAIRE

Lorsqu'en 1884 nous terminâmes le classement des archives antérieures à 1790, nous conçûmes le projet d'un inventaire détaillé des archives de la période révolutionnaire, nous imaginant, avec raison, que Saint-Malo devait posséder des documents fort intéressants sur cette époque troublée.

Un assez grand nombre de registres, délibérations de la commune, copies de lettres, rapports des districts et sociétés populaires, furent, d'abord, classés chronologiquement, ainsi qu'une certaine quantité de pièces se rapportant au régime de la Terreur ; mais il restait huit énormes cartons et cadernes remplis de papiers de toutes sortes et de toutes dates et la Ville hésitait devant une entreprise dont elle ne pouvait connaître les proportions.

Néanmoins, sur les instances de la Société Historique et Archéologique de Saint-Malo et, d'autre part, vivement sollicité par feu M. Paul Parfouru, archiviste départemental, le Conseil municipal ordonna le classement de ces archives et la Municipalité nous chargea de ce travail.

Le dépouillement des pièces renfermées dans les cadernes était déjà commencé, lorsque le gouvernement de la République décida d'entreprendre la publication d'un recueil de documents d'archives relatifs à l'histoire économique et sociale de la Révolution française. Des commissions furent instituées dans chaque département et nous eûmes l'honneur d'être désigné comme membre de la commission d'Ille-et-Vilaine pour la ville de Saint-Malo.

Sur les données de M. Parfouru, nous opérâmes la répartition, par séries, des documents et registres dont nous avions entrepris le classement et l'analyse.

Dans son rapport du 15 juillet 1905, lu à la session d'août du Conseil général d'Ille-et-Vilaine, le distingué successeur de M. Parfouru, M. Lesort, lauréat de l'Institut, constatait la marche de ce classement et c'est ce travail, aujourd'hui terminé, que nous mettons sous les yeux du public.

La ville de Saint-Malo, malgré son exiguïté territoriale, présentait au point de vue stratégique, politique et commercial, une importance assez grande pour qu'on pût espérer découvrir, dans les archives de la période révolutionnaire, des renseignements assez précis pour se former une idée exacte de la situation et de l'état d'esprit qui régnaient en cette partie de la Bretagne.

Notre espoir n'a pas été déçu et c'est pièces en mains que nous avons pu apprécier la grandeur d'âme et la haute sagesse des hommes qui osèrent, alors, assumer les lourdes charges de l'administration de la ville. A côté des passions de quelques membres des districts et des sociétés populaires qui furent partout créés, on rencontre la haute intelligence et la pondération des magistrats républicains fidèles aux grands principes de la Déclaration des Droits de l'Homme et respectueux de l'entière liberté de conscience. Fermement dévoués aux institutions républicaines, ils répriment ou modèrent les excès de quelques patriotes exaltés et se préparent, dans l'histoire, un nom respecté.

Nous ne ferons, ici, l'apologie de personne : les lecteurs jugeront eux-mêmes, sur pièces probantes, quels furent les Malouins qui s'illustrèrent par leur passage dans l'administration de la cité ou la représentation nationale, au cours des années 1789 et suivantes jusqu'à l'époque du Consulat.

Quoique classées et réparties dans les séries officielles A à S, les pièces se rapportant à la période révolutionnaire forment une série particulière LL qui se suit sans interruption. Cette cote spéciale a été adoptée par le Ministère, sur la proposition de feu M. Parfouru, et rend les recherches beaucoup plus faciles.

La série A comprend les lois, décrets et ordonnances depuis août 1789 jusqu'à l'an X ; lois et décrets de l'Assemblée Nationale, lois concernant les justices de paix, la gendarmerie, les gardes nationales, etc., etc. Parmi les décrets et lettres-patentes classés sous la cote LL 10, nous citerons : le décret supprimant les droits féodaux (4-11 août 1789) ; les lettres-patentes prohibant tous les bénéfices à l'exception de ceux des curés (27 novembre 1789) ; le décret sur la constitution des municipalités (18 décembre 1789) ; la loi relative à la création d'un port de marée à Saint-Malo (8 juin 1792) ; les lois relatives au paiement des rentes dues par les communautés supprimées et à la liquidation et remboursement des indemnités pour les jurandes et maîtrises (16 septembre 1792), la loi défendant sous peine de mort les cocardes autres que celles portant les couleurs nationales (15 septembre 1792) ; la loi rétablissant les communes et les citoyens dans les propriétés dont ils avaient été dépouillés par l'effet de la puissance féodale (6 novembre 1792) ; décret relatif à l'état civil des citoyens (19 décembre 1792) ; organisation des gardes nationales (12 messidor an III) ; loi sur la répression du brigandage (24 messidor an VII) ; etc., etc. Ces lois et décrets forment neuf volumes et une liasse (A 1 à A 10).

Dans les trois volumes cotés A 11 et suivants (LL 11, 12 et 13), on trouvera la transcription des décrets de l'Assemblée Nationale acceptés et sanctionnés par Louis XVI. Dans A 14 à 17, les répertoires des lois depuis l'an II, et dans A 18 à 19, la 1re et la 2e série du *Bulletin des lois* (de prairial an II à nivôse an VIII).

Quoiqu'incomplète, cette série est fort intéressante et suffirait à prouver quel travail gigantesque accomplirent les hommes de la Révolution.

La série B est insignifiante et se compose d'une liasse de cinq pièces parmi lesquelles nous signalerons l'adresse du département d'Ille-et-Vilaine à l'Assemblée Nationale (15 juillet 1790), une proclamation de Billaud-Varenne (mars 1793) et une « proclamation de l'administration départementale contre le rétablissement de la royauté » (17 pluviôse an VII).

C'est dans la série D (administration générale de la commune), que nous pouvons apprécier la sollicitude et la sagesse de ceux qui eurent la direction des affaires, lorsque la réunion des Etats Généraux ouvrit l'ère de l'émancipation du peuple. Les registres des délibérations de la communauté de ville, conseil municipal et conseil général de la commune, lesquels se trouveront complétés par ceux du district et des sociétés populaires, sont remplis de décisions marquées au coin du bon sens et de l'à-propos et on reste étonné de la grandeur de vue de ces hommes, hier inconnus et qui, soudain, deviennent les émules des plus grands personnages de l'histoire ancienne.

Le 1er registre des délibérations qui commence la période révolutionnaire est classé, dans l'inventaire des archives antérieures à 1790, sous le n° BB 41, et porte, dans le présent inventaire, la cote D 1 (LL 21.)

Déjà se révèlent les préoccupations des administrateurs pour tout ce qui concerne l'amélioration des services publics ; on remarquera la précision des instructions qui revêt, parfois, une forme naïve. Parmi les plus intéressantes délibérations, nous citerons : celle prescrivant que les hommes des patrouilles devront avoir les fusils chargés ; celle relative à la fermeture des portes d'allées (ceux qui contrevenaient à cette prescription étaient punis d'une amende de 20 livres) ; le règlement concernant les pompes à incendie. Une des plus à retenir est l'invitation faite aux armateurs d'employer des ouvriers de la ville et du faubourg pour tous les travaux qu'ils font exécuter, plutôt que d'avoir recours à des étrangers.

La rivalité entre les villes de Saint-Malo et Saint-Servan revêtait, à cette époque, une forme qui, après s'être continuée pendant fort longtemps, a, heureusement, disparu entièrement. Les enfants des deux localités se rencontraient dans la grève qui séparait les deux ports et se livraient des batailles en règle, lesquelles se terminaient parfois de façon assez tragique pour motiver, de la part de l'autorité administrative, l'invitation officielle aux pères de famille (de Saint-Malo et Saint-Servan), d'empêcher les enfants de se réunir en troupe et de s'attaquer réciproquement. Vers ce même temps, la paroisse de Saint-Servan, qui brûlait du désir de devenir autonome, formulait demandes sur demandes pour obtenir une municipalité distincte, à quoi Saint-Malo s'opposa de toutes ses forces, ainsi qu'on le verra par les nombreux documents relatifs à cette séparation. La Révolution française devait, cependant, séparer les deux villes rivales.

Les registres des délibérations de la municipalité sont au nombre de 15. Il manque celui de la période comprise entre le 1er février et le 17 août 1791, ainsi que le constatait M. Parfouru dans son rapport de l'année 1897. Cette lacune est fort regrettable, mais elle est, en partie, comblée par les autres documents existants pour la même période.

Vers la fin de 1791 furent créés les " billets de confiance " justifiés par la pénurie de numéraire due à l'exode des fonds à l'étranger ; mais il fallut une décision leur donnant cours forcé, car l'Administration des postes les refusa pendant longtemps, au grand mécontentement de la population.

Quelques mois plus tard, on décide de démolir la chapelle Notre-Dame, pour la raison « qu'elle obstrue les rues du Boyer et de Sainte-Anne ».

Le 20 janvier 1792 a lieu la première exécution criminelle sur la place du Pilori, aujourd'hui place Broussais.

Bientôt commencent les recensements des communautés et maisons religieuses, ainsi que les inventaires qui, alors comme de nos jours, ne se firent pas sans quelques manifestations. La série N contient les procès-verbaux des inventaires des différentes églises et communautés fermées en vertu des décisions de l'Assemblée nationale ; nous en avons publié une grande partie dans la *Côte d'Emeraude* au cours de l'année 1906.

Nombreux sont les règlements d'ordre intérieur élaborés par la municipalité malouine. Signalons, en passant, la suppression des visites du jour de l'an, les bourses gratuites mises à la disposition des jeunes élèves de la ville pour l'école des arts et lettres de Paris ; l'arrêté pour obliger les personnes qui assistent au spectacle, à se décoiffer ; celui enjoignant de faire marcher les chevaux au pas dans les rues et au trot sur le Sillon.

Les copies de lettres, classés dans la même série, complètent les renseignements contenus dans les registres des délibérations.

La série E (état civil) se compose, outre les registres et tables de naissances, mariages et décès, de quelques pièces sans grand intérêt, sauf l'avis du décès, en prison, de Pierre-Anne-Marie de Châteaubriand (4 fructidor an VII). Faisons observer, en passant, qu'il n'est aucunement fait mention des exécutions capitales d'insurgés ou suspects.

La série F (statistique) est assez riche en renseignements divers. On se rend compte que, malgré le développement du commerce et les facilités de communication existant de nos jours, la population ne s'est point sensiblement accrue ; en 1795 le nombre des habitants de la commune était de 9222, se décomposant comme suit : hommes mariés et veufs, 1675 ; femmes mariées et veuves, 2331 ; garçons, 2003 ; filles, 3213. Quatre ans plus tard (1799), ce chiffre tombait à 9059.

Il convient de noter particulièrement, parmi les pièces composant la série F, celle portant le numéro 4 de la liasse cotée LL 70 (F 4) qui prouve que l'une des principales préoccupations des administrateurs de la commune était l'intérêt du commerce de la région. En réponse à une lettre dont on trouvera copie dans la série S, les " Amis de la Constitution " de Paris répondaient comme suit, le 17 février 1791 :

« Nous sommes pénétrés comme vous de la nécessité de favoriser le commerce de la morue par « tous les moyens qui peuvent dépendre du pouvoir législatif et nous vous prions d'être persuadés « que nous n'oublierons rien pour faire prendre votre demande en considération par l'Assemblée « nationale. »

« La France n'oubliera jamais combien cette branche de navigation a procuré d'avantages à la « marine française en formant au milieu de vous ces intrépides équipages qui partagèrent les lauriers « immortels de votre Dugué Trouin.

« Le despotisme étoit parvenu à tout détruire, la Liberté rétablira tout et vous rendra ces jours « prospères où votre commerce et vos succès excitoient la jalousie et faisoient l'admiration de nos « rivaux.

« Nous sommes, avec des sentiments fraternels. (Signé:) Villard, président, J. Vimeur, Rochambeau, « Victor Broglie, Bonnecarère, Rousseau, Theodore Lameth, Barnave, Jacques Menou, Collot d'Herbois, « Riccé, Charles Lameth, Daiguillon. »

Quelques mois plus tard, c'était la sécurité des bâtiments de commerce qui était l'objet de la sollicitude administrative, ainsi qu'en témoigne la pièce N° 6 publiée par nous dans le journal *La Côte d'Emeraude*, le 23-24 mai 1905.

On lira avec intérêt les pièces 10 à 15 ayant trait aux prises faites par le corsaire *Le Furet*, commandé par Benoit Giron, un Malouin, et aux comptes de liquidation de ses captures : *Le Peggy*, *Le London* et *Le Prince d'Asturies* (an V).

A l'aide des pièces de la liasse LL 72, (F 6.) on suit, pour ainsi dire, pas à pas, la marche de la disette qui sévit en Bretagne de 1790 à l'an III, et on se rend compte de la sagesse et de la prévoyance dont la municipalité et le district de Saint-Malo firent preuve, en ces temps difficiles. Le 11 septembre 1790, une émeute, provoquée par un sieur Le Même, que l'on soupçonnait d'accaparement des grains, éclata à Saint-Malo et fut, heureusement, maîtrisée ; le dossier de cette affaire est classé sous le N° 35 de la liasse précitée.

La pénurie des denrées alimentaires devait, fatalement, exciter le lucre des accapareurs, malgré les mesures édictées contre eux ; aussi, en 1792, fut-il pris nombre d'arrêtés relatifs à la circulation des denrées et, quelque temps après, parut la loi du maximum, justifiée par les prétentions exorbitantes des détenteurs de marchandises de première nécessité. Les pièces relatives à ces mesures exceptionnelles sont classées sous la cote F 7. (LL 73).

Un échantillon remarquable de l'état d'esprit dans lequel se trouvaient alors les gouvernants et que l'on peut qualifier de grandiose, est la proclamation du 17 germinal an II rappelant aux cultivateurs qu'ils ne sont que dépositaires de leurs récoltes « qui appartiennent à la Nation » !

La série G fournit de précieux renseignements sur les contributions, l'emprunt forcé et les dons patriotiques.

Série H, affaires militaires ; nombreuses pièces relatives aux fournitures, armements, etc. ; documents précieux pour l'histoire locale, entr'autres sept lettres ayant trait à des canons donnés à la ville par Duguay-Trouin et qui furent refondus en 1792, (dossier N° 31. H 3. LL 88.). Organisation de la milice nationale (H 4). Etc.'

Sous la cote H 5. se trouvent huit pièces fort intéressantes concernant André Désilles qui fut mortellement blessé à Nancy en août 1790, lors de la révolte du régiment du Roi. La plupart de ces pièces ont été publiées par nous dans *La Côte d'Emeraude*.

La série I (police) est, incontestablement, la plus riche en documents de toute nature. Nous avons, dans l'intérêt des recherches futures, réuni ces documents en liasses particulières, d'après le sujet auquel elles se rapportent.

La première se compose des pièces relatives aux vols, qui furent nombreux en ces temps et portèrent, surtout, sur les églises. La seconde contient les documents concernant les incendies ; la troisième, les délits divers ; la quatrième, les procès-verbaux de découverte des noyés.

La liasse I 5. (LL 95) est consacrée aux fêtes publiques. Les réjouissances se multiplièrent en France, sous la première République. Presque chaque décade était l'occasion d'une fête nouvelle : fête de la Jeunesse, fête des Epoux, fête de la Raison, fête de l'Être suprême, fête de la Fondation de la République, de la chute de Robespierre, de la Souveraineté Nationale, de la Liberté, etc. Des instructions étaient données, du reste, pour qu'autant que possible, chaque semaine ou décade, eût sa fête, et cependant, le 11 messidor an 7, on constatait officiellement le peu de zèle des citoyens à prendre les armes à l'occasion des fêtes nationales.

La voirie, la police générale, surveillance, procédure, police révolutionnaire, émigrés, prisons, etc., forment autant de liasses distinctes. La série I comprend 345 pièces ou dossiers renfermés dans des cartons et 12 registres, dont 3 contiennent la liste générale des émigrés de toute la République Française.

Dans la série K, se trouvent classés les procès-verbaux et pièces diverses ayant trait aux élections communales et politiques.

Les pièces de comptabilité et revenus municipaux forment la série L, et la série M concerne les monuments et établissements publics.

Série N, Biens Nationaux (LL 128). Inventaires des mobiliers et ornements des églises, chapelles et communautés de la commune. Beaucoup de ces inventaires ont été, comme nous l'avons dit plus haut, publiés par nos soins. Nous citerons, parmi les inventaires les plus remarquables, ceux de l'église de Saint-Malo, la chapelle Saint-Thomas, Saint-Sauveur, le Chapître. La série O complète ces inventaires par ceux des communautés des Capucins, Récollets, Bénédictins, Ursulines et autres.

Ce ne fut pas sans incidents que s'accomplit la laïcisation des hôpitaux de la commune. A la suite de l'inventaire de ces établissements, eut lieu le remplacement des sœurs par des laïques (18 pluviôse an II). Quelques jours après, on procédait à l'arrestation des sœurs de l'hospice Saint-Yves (hôpital général) ; plusieurs d'entr'elles refusent le serment « préférant être guillotinées » ; les nouvelles économes furent aussitôt installées. A peine en fonctions, ces dernières demandent une augmentation de personnel (15 ventôse an II), se plaignant des pensionnaires « qui complotent et désobéissent ». Là-dessus, visite officielle des administrateurs et... deux jours plus tard (18 ventôse), nouvelle plainte de l'économe au sujet de tapage dans l'établissement ; plainte, encore, au sujet du percement d'un mur ; nouvelle visite des administrateurs, ce qui n'empêche pas de fréquentes récriminations de la part de l'économe au cours de germinal suivant. La paix se mit enfin dans la maison mais, bientôt, survint la disette et, malgré les demandes réitérées de secours qui furent faites, la situation de l'hospice devint telle, que les administrateurs de l'hôpital menacèrent de démissionner, si on ne venait pas en aide à l'établissement. Cette menace ne produisant aucun effet, leur démission devint fait accompli le 12 prairial an IV. Un arrêté avait, cependant, accordé un secours, mais le payeur refusa formellement de verser quoi que ce soit « ayant » dit-il, « reçu l'ordre de ne tenir aucun « compte du dit arrêté » (25 prairial an IV, pièce N° 35. LL 140).

La liasse particulière à l'Hôtel Dieu (LL 141.), est composée de 34 pièces (série Q). LL 142 a trait aux secours alloués aux indigents ; nous signalerons plus particulièrement, une lettre des administrateurs du district au sujet d'une demande de bois de chauffage faite en faveur des habitants de Port-Malo « qui sont obligés de brûler leurs meubles pour se chauffer » (22 nivôse an III ; pièce N° 87). On consultera avec intérêt les rôles et états de secours aux indigents.

Dans la série R (beaux-arts et instruction publique), pièces diverses relatives aux écoles ; dépenses ; tableau des écoles primaires et des instituteurs ; création d'une société de musique sous le nom d'Odeum de Saint-Malo (17 frimaire an V).

Série S, Fonds divers. Dans cette série se trouvent placés les registres de délibérations des assemblées primaires, district, comité de surveillance, société populaire etc. lesquels nous initient à la politique intime de l'arrondissement de Saint-Malo, en même temps qu'ils fournissent de précieuses indications sur la situation générale de la France et, en particulier, du département d'Ille-et-Vilaine.

Assemblées primaires. La ville était divisée en trois sections : Nord, Est et Ouest, qui tenaient des réunions fréquentes et, concurremment avec le conseil municipal et les district et société populaire, s'occupaient des affaires communales. Leurs vœux étaient transmis à la municipalité et, la plupart du temps, il y était donné satisfaction.

Section du Nord, S 1. (LL 144). Quelque temps après que Tréhouart, nommé adjoint du ministre de la marine, eut été remplacé, comme maire, par le citoyen Perruchot, la section du Nord se constitua en permanence, exemple qui fut suivi par celles de l'Est et de l'Ouest. — Voulant mettre un terme à certains abus contre lesquels protestaient le bon sens et la justice, l'assemblée déclare que sa volonté est qu'aucun citoyen ne puisse être enlevé de cette ville et traduit ailleurs que devant ses juges naturels. — Lors de la formation des compagnies de volontaires, les enrôlements furent nombreux : les citoyens abandonnaient leur situation pour combattre sous le drapeau de la France. Cet empressement ne fut pas sans éveiller la sollicitude de ceux qui avaient assumé les charges publiques, aussi les membres de l'assemblée primaire prirent-ils une décision conservant aux volontaires, pour leur retour, les places qu'ils occupent. — Nous avons signalé dans l'inventaire des archives antérieures à 1790, le projet, mis à l'étude, de joindre, par une digue, St-Malo au Grand-Bé et agrandir, ainsi, considérablement la ville ; ce projet, qui avait été abandonné alors, fut repris sous la Révolution, car on trouve, au cours d'une délibération du 28 juin 1793, mention d'une lettre de Tréhouart, adjoint au ministre de la marine, annonçant que la jetée qui doit joindre le fort des Rennais (fort la Reine) au Grand-Bé vient d'être arrêtée et que les fonds nécessaires à cette entreprise ont été remis au ministre....

Section de l'Est (LL 145). Cette section tint ses réunions tantôt à l'église St-François, tantôt au Ravelin. Les délibérations sont, à peu près, les mêmes que celles de la section du Nord et de l'Ouest. Signalons, cependant, la décision prise d'annuler tous les actes et arrêtés pris par le comité dit « central » des sections et par elles-mêmes pendant leur permanence et de faire brûler solennellement ceux de leurs registres et papiers qu'il ne sera pas utile de conserver, ainsi que le drapeau rouge « signe et monument de carnage et de désolation ».

District : S 4 (LL 147.) Une délibération fort intéressante reproduit le règlement relatif à la défense de St-Malo et des environs ; citons, entr'autres, les articles relatifs à l'envoi d'une garnison suffisante aux forts de la Conchée, des Rimains, l'île Herbou (Harbourg), à la démolition de la Tour de la Grand'porte où devront être placés des canons de 24, etc.. Ordre d'arrêter un sieur Poisdelou, ci-devant maire de St-Coulomb. Ce magistrat, qui tenait à ses fonctions, ayant été révoqué pour des causes non indiquées en la délibération du district, avait sollicité le commandant d'un détachement cantonné dans sa commune, de le faire renommer maire par la force !... — Un document pour l'histoire de la Révolution en Bretagne et, principalement pour la conspiration de La Rouërie, est la commission chargeant le citoyen Lalligand-Morillon « de se transporter dans les départements de la Bretagne, à l'effet d'y « rechercher les conspirateurs cachés ou connus de la conspiration bretonne..... Il se concertera avec

« le citoyen Cavaignac, député de la Convention, membre du comité de sûreté générale, envoyé dans les « départements où se trouvera le citoyen Morillon... ». — Dans le volume LL 148, on lit la description d'un registre trouvé chez Désilles, à la Fosse-Hingant, au cours de la perquisition qui y fut pratiquée ; ce registre appartenait à une demoiselle Isaru (ou Isaure).

Une délibération relative aux réparations à faire aux chaussées qui avoisinent Saint-Malo, nous fait connaître qu'il existait sept chemins d'accès et ponts traversant la grève, lesquels portaient les noms de : Pont de Rocabais (sic), pont de la Grande-Porte, pont aux laitières, pont du Pot-ès-chiens, pont l'Evêque, pont du Nez et pont du Val. Une autre délibération nous apprend que les dépenses de l'administration du district de Port-Malo s'élèvent à la somme totale de 124.150 livres. Plus loin (LL 150), nous trouvons la nomination d'un archiviste du district aux appointements de 1800 livres pour mettre en ordre les papiers provenant des émigrés et déportés : nous n'avons trouvé aucune trace du travail accompli par cet employé.

Les deux registres de délibérations du comité de surveillance, série S 8 et 9 (LL 151 et 152), comprennent une période d'une année environ, du 16 germinal an II au 29 ventôse an III et contiennent nombre de décisions et notifications, de même que l'enregistrement de faits et actes des corps constitués. Ce comité faisait, fréquemment, comparaître devant lui les personnes considérées comme suspectes ou dénoncées comme telles. C'était devant le comité de surveillance que les prêtres et religieux étaient tenus de prêter, préalablement, le serment prescrit par la loi, s'ils ne voulaient être incarcérés. — Au commencement de l'an III, en vertu d'un arrêté des représentants du peuple qui astreint une ex-religieuse à prêter le serment d'être fidèle à la République française, pour obtenir sa liberté, ladite religieuse comparaît devant le comité de surveillance et, après avoir entendu lecture dudit arrêté, déclare se soumettre purement et simplement aux lois, mais ne veut pas reconnaître la République française.

Le 23 novembre 1789, une société populaire se créa à Saint-Malo sous le nom de « Chambre patriotique ». Les premiers actes de cette société furent empreints d'une énergie révolutionnaire qui se continua jusqu'à sa dissolution par Lecarpentier, qui la réorganisa sous le nom de « Société montagnarde et régénérée de Port-Malo», le 27 nivose an II. Parmi les décisions les plus remarquables, nous citerons : celle prise par les membres de la société de « défendre, de leur fortune et de leur sang, tout « citoyen qui aurait le courage de se dévouer à la dénonciation des traîtres à la Patrie et des conspira- « teurs contre la Liberté », ainsi qu'une autre prescrivant que « plusieurs membres de la société as- « sisteraient aux prônes, sermons et instructions pour, sur leurs observations, être prises les mesures « qui paraîtraient les plus convenables vis-à-vis des prêtres qui se permettraient des déclarations pou- « vant aliéner l'esprit des fidèles et altérer la confiance que mérite l'auguste Sénat qui regénère la « France » (S 10. LL 153).

Le 27 nivôse an II, comme nous le disons plus haut, la société populaire, qui avait été dissoute comme entachée de modérantisme, est réorganisée et reprend ses séances sous une nouvelle impulsion.

Il nous paraît utile de relater ici un touchant épisode de la guerre des chouans.

Le 28 octobre 1793 (7 frimaire an II), l'armée vendéenne, commandée par le prince de Talmont, Larochejacquelein et Marigny, se trouvait près de Livré, à une lieue de Craon (Mayenne), dans un terrain fort boisé avoisinant une vaste forêt. Le quartier général des troupes était le château de la Lande.

Un détachement français, comprenant une batterie d'artillerie du 7e bataillon de la Somme, avait été surpris par les Vendéens et anéanti après une chaude action.

Un canonnier nommé Belleperche (Belloni), resté seul avec une quinzaine d'artilleurs, ne voulant point abandonner sa pièce, est fait prisonnier, ainsi que ses camarades. Ces vaillants sont emmenés à Livré et fusillés sans autre forme de procès. Belleperche, par un heureux hasard, eut une main emportée et le corps traversé, mais ne fut pas tué par la décharge du peloton d'exécution. Au bout de quelques heures, il reprit ses sens et, ayant été dépouillé de ses vêtements par les Vendéens, essaya de se traîner, nu, vers une habitation.

Soudain, une jeune fille de Livré, Angélique Moraille, âgée de 22 ans, apercevant ce corps sanglant qui rampait sur le sol, s'empresse de lui donner les soins que réclamait son état ; elle lave ses blessures, court chercher chez elle des habits de paysan, aide le blessé à s'en revêtir et lui donne asile dans la maison de son père où elle le dérobe à toutes les recherches. Grâce à son dévouement, le soldat revient à la vie et, le 18 pluviôse an II, le citoyen Belleperche se présentait à la société populaire de Port-Malo, accompagné d'Angélique Moraille et de son père et y faisait le récit des faits que nous venons de relater.

La société populaire prenait aussitôt une délibération félicitant ces courageux citoyens et décidait d'offrir à Belleperche un sabre et un pistolet d'honneur portant l'inscription « La société populaire « régénérée de Port-Malo au citoyen Belleperche ».

Tous les détails relatifs à cet intéressant épisode se retrouveront dans la délibération de la société populaire du 18 pluviôse an II, les lettres de la dite société du 5 ventôse, même année, adressées à Lecarpentier, représentant du peuple, à la citoyenne Moraille, au comité d'instruction publique et à la société de Saint-Brieuc, ainsi que dans une lettre du 26 du même mois au citoyen Briols, employé à la Trésorerie nationale, qui avait manifesté l'intention de mettre à la scène l'acte de dévouement d'Angélique Moraille.

Après les copies de lettres de la société populaire, sont classées plusieurs liasses de lettres autographes fort précieuses, parmi lesquelles 11 lettres de Bodinier, 3 lettres de Boursault, 41 lettres de Chaumont, représentants du peuple à l'Assemblée nationale ; divers autographes de Lazare Carnot, Prieur, de la Marne, Saint-Just, Collot d'Herbois, Billaud-Varenne, etc... Signalons, en particulier, un autographe du général Bernadotte, du 2 messidor an 8.

La liasse LL 172 contient sept pièces relatives à la révolte des Iles-sous-le-Vent et Saint-Domingue.

LL 174 se compose de diverses affiches reproduisant les opinions de divers députés sur le jugement de Louis XVI.

Sous la cote LL 176 nous avons placé l'unique registre que nous possédions provenant du bureau de paix de Paramé, lequel comprend la période du 26 avril 1791 au 5 vendémiaire an VII.

Dans cette rapide analyse des documents de la période révolutionnaire, nous nous sommes efforcé de faire ressortir l'intérêt qu'ils présentent pour l'histoire locale. L'inventaire sommaire, que nous avons étendu autant que possible, renseignera, croyons-nous, d'une façon assez complète pour donner satisfaction à ceux qui auront à effectuer des recherches dans les archives et leur économisera un temps précieux en les fixant, immédiatement, sur le contenu des liasses ou registres de chaque série.

En terminant cette étude, nous adressons nos remerciements à M. Lesort, archiviste du département d'Ille-et-Vilaine, dont les conseils éclairés nous ont permis de mener notre tâche à bonne fin.

Saint-Malo, le 25 octobre 1906.

H. HARVUT, Officier d'Académie
Archiviste communal
Chef du Bureau de l'Etat Civil à la Mairie.

DÉPARTEMENT D'ILLE-ET-VILAINE

VILLE DE SAINT-MALO

INVENTAIRE SOMMAIRE

DES

ARCHIVES COMMUNALES DE LA PÉRIODE RÉVOLUTIONNAIRE

Série A

LOIS, DÉCRETS, ORDONNANCES

LL. 1. (**A. 1.**) Volume broché, 242 feuillets.

1790, an II. — Lois et décrets de l'Assemblée Nationale, d'avril 1790 au 19 brumaire an II.

LL. 2. (**A. 2.**) Volume broché, 42 feuillets.

1791. — Table générale des décrets de l'Assemblée Nationale.

LL. 3. (**A. 3.**) Volume broché, 144 feuillets.

1790-1792. — Lois et décrets relatifs à l'organisation militaire, du 6 août 1790 au 15 août 1792.

LL. 4. (**A. 4.**) Volume broché, 56 feuillets.

1790 — Lois relatives aux contributions.

LL. 5. (**A. 5.**) Volume broché, 82 feuillets.

1790-1791. — Lois et décrets concernant les droits féodaux.

LL. 6. (**A. 6.**) Volume broché, 80 feuillets.

1790-1791. — Lois et décrets concernant les justices de paix.

LL. 7. (**A. 7.**) Volume broché, 58 feuillets.

1790-1792. — Lois et décrets concernant la gendarmerie.

LL. 8. (**A. 8.**) Volume broché, 38 feuillets.

1790-1791. – Lois et décrets concernant l'artillerie et le génie.

LL. 9. (**A. 9.**) Volume broché, 76 feuillets.

1790-1792. – Lois concernant les gardes nationales.

LL. 10. (**A. 10.**) Liasse, 71 pièces papier numérotées de 1 à 71.

1789, an X. — (1) Décret supprimant les droits féodaux (4-11 août 1789); — (2) lettres patentes au sujet des provisions d'offices de judicature (1789); — (3) lettres patentes relatives à la confiscation des grains saisis en contravention (27 novembre 1789) ; — (4) l. p. prohibant tous bénéfices, à l'exception de ceux des curés (27 novembre 1789) ; — (5) décret sur la constitution des municipalités (18 décembre 1789) ; — (6) l. p. relatives aux juridictions prévôtales (12 avril 1790) ; — (7) l. p. portant annulation des procès commencés à raison de la perception de différents droits (20 avril 1790) ; — (8) loi relative aux émigrants (6 août 1791) ; (9) loi relative aux vétérans de la garde nationale (6 juin 1792) ; — (10) loi relative à l'élection des commissaires de police (8 juin 1792) ; — (11) loi relative à la construction d'un port de marée à St-Malo (8 juin 1792) ; — (12) loi relative à l'érection d'un monument sur la place de la Bastille (27 juin 1792) ; — (13) loi fixant les mesures à prendre quand la Patrie est en danger (8 juillet 1792) ; — (14) loi relative aux passeports (29 juillet 1792) ; — (15) loi relative aux cocardes tricolores (2 août 1792) ; — (16) loi relative aux évènements du 10 août (12 août 1792) ; — (17) décret de l'Assemblée Nationale ordonnant le renvoi devant la cour martiale, des déclarations des sentinelles qui étaient de garde aux Tuileries, du 9 au 10 août 1792 (12 août 1792) ; — (18) loi relative à l'enregistrement des effets au porteur (22 août 1792) ; — (19) loi et décrets relatifs aux effets au porteur (août-novembre 1792) ; — (20) loi portant adresse de l'Assemblée Nationale aux citoyens des frontières (28 août 1792) ; — (21) loi relative au pain de troupe (2-8 septembre 1792) ; — (22) loi interdisant l'émission de la monnaie dite " médailles de confiance " (3 septembre 1792) ; — (23) loi relative à la sûreté des personnes et des propriétés (3 septembre 1792) ; — (24) loi relative au rétablissement de la libre circulation dans l'Empire (8 septembre 1792) ; — (25) loi relative à la garde des frontières maritimes (9 septembre 1792) ; — (26) loi relative à l'armement des citoyens pour la défense des frontières (9 septembre 1792) ; — (27) loi relative à la conservation des places des citoyens qui partent pour la frontière (10 septembre 1792) ; — (28) loi relative au paiement des rentes dues par les communautés supprimées et à la liquidation et remboursement des indemnités pour les jurandes et maîtrises (15 septembre 1792) ; — (29) loi défendant, sous peine de mort, les cocardes autres que celles portant les couleurs nationales (17 septembre 1792) ; — (30) loi relative à l'inviolabilité des représentants du peuple (19 septembre 1792) ; — (31) loi rétablissant les communes et les citoyens dans les propriétés et droits dont ils ont été dépouillés par l'effet de la puissance féodale (6 novembre 1792) ; — (32) décret relatif aux commissaires du pouvoir exécutif (26 novembre 1792) ; — (33) décret levant la suspension des certificats de résidence en ce qui concerne les négociants et marchands (29 novembre 1792) ; — (34) décret relatif à l'état civil (19 décembre 1792) ; — (35) décret accordant des pensions aux volontaires (8 février 1793) ; — (36) décret relatif aux traitements des Directeurs des Administrations publiques (5 février 1793) ; — (37) décret relatif à la comptabilité des receveurs de Bretagne (4 mars 1793) ; — (38) décret relatif à la renonciation aux acquisitions des biens nationaux (11 juillet 1793) ; — (39) décrets relatifs aux pensions des veuves de militaires, paie des canonniers, fixation du maximum des denrées (31 août 1793) ; — (40) décret défendant aux fournisseurs de l'armée de vendre et livrer des denrées aux convois accompagnant les troupes (6 septembre 1793) ; — (41) décret relatif au nombre de chevaux que les militaires sont autorisés à conserver (26 vendémiaire an II) ; — (42) décret fixant le minimum des chevaux à réquisitionner par canton (27 vendémiaire an II) ; — (43) décrets relatifs aux signes et emblèmes de la royauté (vendémiaire an II) ; — (44) décret fixant le nombre de rations de fourrage pour les chevaux pendant la durée de la guerre (23 vendémiaire an II) ; — (45) décret dispensant les invalides de présenter un certificat de civisme (9 frimaire an II) ; — (46) décret relatif à la fabrication du salpêtre (14 frimaire an II) ; — (47) décret étendant aux familles de tous ceux qui ont été tués à la guerre, les secours accordés aux familles des militaires (9 nivôse an II) ; — (48) décrets relatifs aux dons civiques (nivôse an II) ; — (49) décret relatif à la confection des souliers et à la fabrication des cuirs (15 nivôse an II) ; — (50) décret relatif aux marchés de fournitures aux armées (22 nivôse an II) ; — (51) décret qui met en réquisition toutes les armes de calibre de guerre (7 pluviôse an II) ; — (52) décret relatif aux personnes incarcérées, précédé d'un rapport de St-Just (8 ventôse an II) ; — (53) décret portant que chaque ouvrier cordonnier sera tenu de fournir deux paires de souliers par décade (14 ventôse an II) ; — (54) décret ordonnant la remise des sabres de 30 pouces de lame (16 ventôse an II) ; — (55) décret portant que les noms de tous les citoyens morts pour l'Egalité le 10 août 1792, seront gravés sur une colonne qui sera élevée au Panthéon (28 germinal an II) ; — (56) décret relatif au divorce (4-5 floréal an II) ; — (57) organisation des gardes nationales (12 messidor an III) ; — (58) loi contenant des mesures de sécurité publique contre la conspiration royaliste (19 fructidor an V) ; — (59) arrêté du Directoire exécutif prescrivant les mesures à prendre pour la stricte exécution du calendrier républicain (18 germinal an VI) ; — (60) loi relative aux individus qui se sont soustraits à la déportation (19 brumaire an VII) ; — (61) loi relative à l'assassinat des ministres français à Rastadt (11 floréal an VII) ; — (62) loi portant établissement d'une taxe de guerre (6 prairial an VII) ; — (63) loi établissant une subvention extraordinaire de guerre (6 prairial an VII) ; — (64) loi qui met les conscrits de toutes classes sous les armes et établit un emprunt de guerre (10 messidor an VII) ; — (65) arrêt du Directoire exécutif pour accélérer le recouvrement de l'emprunt forcé (23 fructidor an VII) ; — (66) loi sur la répression du brigandage et des assassinats dans l'intérieur (24 messidor an VII) ; — (67) loi contenant une proclamation de Cambacérès au Peuple Français (19 brumaire an VIII) ; — (68) loi qui substitue à l'emprunt forcé une subvention extraordinaire de guerre (27 brumaire an VIII) ; — (69) les départements du Morbihan, Côtes-du-Nord, Loire-Inférieure et Ille-et-Vilaine, mis hors la Constitution (1er pluviôse an VIII) ; — (70) modèle des actes de l'état civil (19 floréal an VIII) ; — (71) loi sur l'organisation des cultes (18 germinal an X).

LL. 11. (**A. 11.**) registre in-folio, 238 feuillets.

1789-1790. — Transcription des décrets de l'Assemblée Nationale, acceptés et sanctionnés par le roi (du 6 octobre 1789 au 26 juillet 1790).

LL. 12. (**A. 12.**) registre in-folio, 195 feuillets.

1790. — Transcription des décrets de l'Assemblée nationale, et proclamation du roi (du 20 août au 22 décembre 1790).

LL. 13. (**A. 13.**) registre in-folio, 145 feuillets.

1790 à l'an II. — Transcription des lois et décrets et répertoire des lois et décrets (du 5 novembre 1790 au 14 floréal an II).

LL. 14. (**A. 14.**) registre in-folio, 100 feuillets.

An II - an IV. — Répertoire alphabétique des lois.

LL. 15. (**A. 15.**) registre in-folio, 50 feuillets.

An III - an V. — Répertoire alphabétique des lois.

LL. 16. (**A. 16.**) registre grand in-4°, 95 feuillets.

An III - an V. — Enregistrement des lois (justices de paix).

LL. 17. (**A. 17.**) registre in-folio

1790-1831. — Recueil des lois et décrets.

LL. 18. (**A. 18.**) 3 volumes reliés.

An II - an IV. — 1re Série du Bulletin des lois (de prairial an II à brumaire an IV).

LL. 19. (**A. 19.**) 9 volumes reliés.

An IV - an VIII. — 2e Série du Bulletin des lois (de brumaire an IV à nivose an VIII).

Série B

ACTES IMPRIMÉS DE L'ADMINISTRATION DÉPARTEMENTALE

LL. 20. (**B. 1.**) Liasse, 5 pièces papier numérotées de 1 à 5.

1790-an VII.— (1) Adresse du Département d'Ille-et-Vilaine à l'Assemblée Nationale. (15 juillet 1790) ; — (2) proclamation des Administrateurs du Département d'Ille-et-Vilaine aux gardes nationales (1793) ; — (3) proclamation de Billaud-Varenne et autres, aux départements (mars 1793) ; — (4) arrêté relatif au commandement des gardes nationales (9 prairial an III) ; — (5) proclamation de l'administration départementale contre le rétablissement de la royauté (17 pluviôse an VII).

Série C

BIBLIOTHÈQUE ADMINISTRATIVE

(Période révolutionnaire : *Nihil*)

Série D

ADMINISTRATION GÉNÉRALE DE LA COMMUNE

Délibérations

LL. 21. (**D. 1.**) registre in-folio, 99 feuillets papier, relié parchemin. (Ce registre est coté BB 41 à l'inventaire des archives antérieures à 1790).

1789, 4 novembre — 1790, 28 février. — Délibérations de la municipalité et du conseil général de la commune. — Confection de drapeaux pour exécution de la loi martiale.—Les hommes des patrouilles devront avoir les fusils chargés.—Remise par Fichet-Desjardins et Guillou, commissaires, de la souscription relative à l'approvisionnement des grains,laquelle s'élève à 151.528 livres. — Fermeture des portes d'allées. — Réparations à la chaussée endommagée par la mer. — Expédition du navire qui doit aller chercher des grains et farines à la Nouvelle-Angleterre. — Règlement concernant les pompes à feu. — Invitation aux armateurs d'employer des ouvriers de la ville et du faubourg, plutôt que des étrangers. — Cérémonie de la lecture de la loi martiale à Saint-Malo et Saint-Servan. — Pétition au sujet de la division de la France en départements. — Invitation aux pères de famille de Saint-Malo et Saint-Servan d'empêcher les enfants de se réunir en troupe et de s'attaquer réciproquement. — Abolition de la traite des noirs. — Demande de la paroisse de Saint-Servan d'avoir une municipalité distincte, à quoi Saint-Malo observe que la prétention des habitants du faubourg est de jouir des avantages des travaux publics, sans contribuer à la dépense. — Remise de dons de la société patriotique par MM. Gautier l'aîné et Jouanjan, députés de ladite société. — Opposition à la continuation du paiement des pensions, gratifications, dons et présents en faveur des nobles. — Amendes de 20 livres infligées à divers habitants dont les portes d'allées ont été trouvées ouvertes. — Pétition en vue d'obtenir un arrondissement pour le District de St-Malo à l'Ouest. — Sauvetage d'une femme, naufragée sous la Cité, par des soldats du régiment de Forez. — Election de la Municipalité. — Autorisation aux bouchers de vendre pendant le carême, toutes viandes à la halle et à Brevet. — Installation de la municipalité. — Prestation de serments civiques, etc....

LL. 22. (**D. 2.**) registre in-folio de 197 feuillets papier, relié parchemin.

1790, 1er mars — 1791, 1er février. — Délibérations de la municipalité et du conseil général de la commune. — Visa de Duparc Louvel, maire « de la ville de St-Malo et dépendances ainsi que de son fauxbourg de St-Servan ». — Traitement du secrétaire greffier fixé à 2.400 livres, traitement d'un commis aux écritures 1.200 livres (1er mars 1790). — Arrêté pour l'admission des étrangers en ville (id.). — Précautions contre les embarquements d'armes (id.). — Adresse à l'Assemblée Nationale (id.). — Décision de partager l'Assemblée en Conseil municipal et Bureau municipal. — Règlement intérieur des séances du Conseil municipal et du Conseil général de la commune (4 mars). — Défense aux Bénédictins d'inhumer le corps de l'un d'eux dans l'église ou le cloître. — Décision sur les attroupements. — Décision au sujet des représentations ou spectacles. — Proclamation dans la chaire de l'église St-Sauveur, par le colonel de la garde nationale. — Vote du règlement de police, etc... (mai 1790).

Nota bene. — Le registre des délibérations du

NOTA. — L'impression de l'inventaire sommaire des archives de la période révolutionnaire était terminée, lorsqu'un heureux hasard nous a fait retrouver le précieux registre des délibérations de la municipalité dont la disparition avait été signalée en 1897 par M. Parfouru, alors archiviste du département d'Ille-et-Vilaine ; nous en avons fait, de suite, l'analyse que nous encartons dans l'inventaire. — **H.**

LL. 22 bis. (**D. 2** bis.) — Registre in-folio, 97 feuillets, relié parchemin.

2 février-17 août 1791. — Délibérations de la municipalité et du conseil général de la commune. — Jacques-Louis Vadet, ex-chantre de la ci-devant cathédrale de St-Brieuc, étant logé depuis plusieurs jours chez une femme Dutaut, est volé de divers effets par un sieur Jean-Baptiste Enol, matelot, qu'il fait arrêter par la garde (2 février 1791). — M. Chaumont, lieutenant-colonel de la garde nationale, informe l'assemblée municipale que « des ennemis de la chose publique « trompent la piété des fidèles et les alarmant sur le « serment des ecclésiastiques fonctionnaires » et réclame protection pour ces derniers. Le conseil, avec de longs considérants, déclare que les ecclésiastiques fonctionnaires publics sont sous la protection des lois ; fait défense à quiconque de les insulter ou malmener, de même que les ecclésiastiques qui se refuseraient au serment (4 février). — Chaumont, président du district, demande la nomination d'un commissaire pour l'accompagner lors de l'inventaire des communautés religieuses (5 février). — Prestation de serment de Chedeville, aumônier de l'Hôtel-Dieu, et discours qu'il prononça à cette occasion (6 février). — Saisie, chez Vallais, imprimeur, de diverses brochures, parmi lesquelles une ayant pour titre : « Doutes modestes « proposés à M. Le Coz (1), ou observations impartiales « sur son mémoire concernant le décret sur la consti- « tution civile du clergé » (7 février). — Refus du curé de St-Malo de lire au prône le décret de constitution civile du clergé et décision que cette lecture sera faite en l'église par M. Tréhouart (12 février). — Délibération relative au privilège de vente de la viande pendant le carême (18 février). — Autorisation de donner des bals masqués au théâtre (26 février). — Délégation donnée à la municipalité pour souscrire, sans limitation de prix, à l'adjudication du palais épiscopal et dépendances, fixée au 11 mars (9 mars). — M. Le Saout, curé de St-Malo, refuse de proclamer l'élection de M. Le Coz à l'évêché métropolitain (12 mars). — Le sieur Renaud, capitaine du navire *Le Succès*, venant de la Martinique, amène à son bord 116 prisonniers (22 mars). — Devis des réparations à faire à la chaussée du Sillon (31 mars). — Un membre de l'assemblée rapporte « qu'un particulier, nommé Fleuri, qui a de- « mandé et obtenu la permission de débiter en cette « ville une eau ou liqueur végétale, vulnéraire, dite du « sieur du Champ, a, pour la distribution de cette eau, « étalé dans la ville un faste scandaleux ; qu'il s'est fait « traîner dans un carrosse, précédé de 2 domestiques « à cheval, donnant du corps (*sic*) de chasse et suivi « d'un domestique en livrée sur le derrière de la voiture ; « qu'il annonce au peuple qu'il est riche et cherche, par « des propos et un air d'opulence, à séduire la classe « indigente ; qu'il a distribué des billets qui ne sont « pas conformes aux lois de police existantes ; enfin, « qu'il est décoré de la croix d'un ordre étranger ; sur « tout quoi, il invite l'assemblée à délibérer ». L'assemblée arrête que le sieur Fleuri quittera la ville le lendemain matin « sans remise quelconque » (1er avril). — Nomination d'une commission pour examen du projet d'établissement d'un port royal à St-Malo, séparé de celui du commerce (8 avril). — Différends avec la commune de St-Servan. Projet d'installation des services publics dans le palais épiscopal acquis par la ville (même date). — Consigne générale pour le service de la garde nationale : Consigne des officiers......... Ils auront une heure à midi, pour aller dîner, et une heure avant ou après la fermeture des portes, pour aller souper : avant, lorsque les portes ne fermeront qu'à 9 heures, et après, dans tous les autres temps (art. 2)... Consigne des sentinelles......... Elles auront toujours la baïonnette au bout du fusil ; elles porteront l'arme au bras ou se reposeront dessus et, quand il fera mau-

(1) Évêque métropolitain. H.

vais temps, elles pourront porter l'arme sous le bras pour garantir la batterie de la pluie (art. 2)... (2 mai). — Autorisation de mettre en vente les mortiers et couleuvrines hors d'usage (13 mai). — Installation de M. Duhamel, curé constitutionnel de St-Malo (5 juin). — Division de la ville en sections : 1re section dite du Nord, ou St-Benoît ; 2e section, Est ou de St-François ; 3e section, Ouest ou de St-Sauveur; 4e section, Campagne ou du marais (5 juin). — Réception de l'avis de l'enlèvement du Roi (23 juin). — Arrivée du courrier annonçant l'arrestation du Roi et de sa famille, au lieu de Varennes « près Châlons » (26 juin). — Cérémonie de réception de Bernard Tréhouart comme colonel de la garde nationale (30 juin). — Enquête sur le fait qu'un vicaire constitutionnel nommé Bigarré aurait célébré la messe après avoir déjeuné dans une maison de la ville ; nombreuses dépositions contradictoires, desquelles il résulte que la dlle Mazily, qui avait rapporté le fait, aurait menti ; elle est condamnée à une amende et à des excuses publiques et s'exécute le lendemain (2 juillet). — Arrêté d'expulsion contre M. de la Moussais, ex-gentilhomme, qui refuse de prêter le serment à la constitution (9 juillet). — Un sieur Cossé, ayant dit que « le sieur « Bigarré, vicaire, était ivre comme un cochon à l'arrivée de Paramé, où il avait été dire la messe à la « garde nationale », est condamné à garder la prison pendant 24 heures (15 juillet). — MM. Isaac Lagous et Joseph Cor, notaires royaux, sont nommés trésoriers « de l'église paroissiale et de sa fabrique » (4 août 1791), etc....

La Municipalité de Saint-Malo, qui a bien voulu voter les fonds nécessaires au classement des archives de la période révolutionnaire et à l'impression de l'Inventaire, et particulièrement Monsieur Jouanjan, Maire, sur les instances duquel le Conseil général d'Ille-et-Vilaine a bien voulu participer à la dépense, ont droit à la reconnaissance de tous ceux qui s'intéressent à l'histoire de notre cité, et nous nous faisons un devoir de leur adresser nos bien sincères remercîments.

H. HARVUT, ARCHIVISTE COMMUNAL.

1er février au 17 août 1791 n'existe plus dans les archives. Cette lacune a été signalée par M. Parfouru, archiviste départemental, dans son rapport de 1897.

LL. 23. (**D. 3.**) registre in-folio de 97 feuillets, relié parchemin.

1791, 18 août — 1792, 15 janvier. — Délibérations de la municipalité et du conseil général de la commune. — Rapport des postes de police. — Vente de 4 couleuvrines au ministre de la guerre (3 septembre 1791) — Création de billets de confiance de 20 sols (septembre) — *Te Deum* en l'honneur de l'acceptation de la Constitution par le roi (17 septembre). — Désertions nombreuses d'officiers du 36e régiment en garnison à St-Servan. — Proposition de vente de 16 pièces de canon (octobre 1791). — Création de billets de confiance de 10 sols (id.). — Décision au sujet d'un écusson à placer à la porte de l'Hôtel-de-Ville, etc...

LL. 24. (**D. 4.**) registre in-folio de 97 feuillets, relié parchemin

1792, 16 janvier — 1792, 20 mai. — Délibérations de la municipalité et du conseil général de la commune. — Emission de « Billets de confiance » de 5 sols (16 janvier 1792). — Election du nommé Collin aux « fonctions « de concierge et garçon de bureau au traitement an- « nuel de 400 livres pour tenir lieu de gages et de nour- « riture, à condition de remplir les fonctions de hérault « dans les cérémonies publiques parcequ'il en recevra « l'habillement et, en outre, de servir habituellement la « municipalité, de garder l'hôtel commun, de tenir pro- « pres les divers appartements, de soigner les jardins, « en raison de quoi il sera logé, chauffé et éclairé en sus « du traitement » (id.). — Décision ordonnant la démolition de la chapelle Notre-Dame « qui obstrue les rues du Boyer et de Ste-Anne » (17 janvier). — Nomination d'une commission d'inspection et surveillance des prisons (id.) — Exercice du mortier et des pièces de canon de 4 et de 8 dans l'église St-Benoit et la cour de l'hôtel commun (18 janvier). — Exécution criminelle sur la place du Pilory (20 janvier 1792). — Refus de maintenir à l'hôpital général le droit exclusif du débit de la viande en carême « attendu que les privilèges sont détruits par les lois de l'Etat » (2 février). — Invitation aux négociants de pétitionner en vue de faire protéger le commerce maritime par des bâtiments de guerre qui surveilleront les mouvements des puissances paraissant avoir des projets hostiles (id.). — Création d'ateliers de charité (id.). — Ordonnance de fermer les portes des églises à 5 heures du soir, pendant les trois jours de carnaval (19 février). — Décision relative à la nomination des officiers de port. — Mécontentement général par suite du refus de l'administration de la Poste aux lettres de recevoir les billets de confiance (22 février). — Création d'un archer de police ayant pour mission de sonner tous les matins une cloche avertissant les habitants d'avoir à balayer les rues (13 mars). — Décision de placer des bancs dans l'*Allée des soupirs* (promenade publique bordant le mur St-Vincent) (19 mars). — Recensement des religieux, prêtres et frères existant dans la communauté des Récollets de la ville (id.). — Troubles à l'occasion de la 1re communion des enfants par le curé constitutionnel (4 avril). — Les pères et frères Récollets déclarent vouloir quitter leur communauté et abandonner la vie commune. — Information que des corsaires de Jersey arment en hâte pour faire la course sous pavillon ostendais (15 mai 1792). — Communication du décret déclarant la guerre au roi de Hongrie et de Bohême. — Mesures nécessaires pour le logement des troupes chez l'habitant. — Règlement pour la garde militaire de la place de St-Malo. — Délibération tendante à la conservation des canons (18 mai 1792) etc...

LL. 25. (**D. 5.**) registre in-folio de 165 feuillets, relié parchemin.

1792, 21 mai — 1792, 8 décembre. — Délibérations de la municipalité et du conseil général de la commune. — Vente de la grille du jardin commun (22 mai 1792). — Remplacement des drapeaux blancs de la garde nationale par des drapeaux tricolores (id.). — Les canons de fonte donnés à la ville par Duguay-Trouin envoyés à Douai pour être refondus (id.) — Troubles à l'hôpital St-Sauveur (25 mai). — Essai d'arrestation d'un prêtre et fuite de celui-ci (id.). — Fermeture de l'église St-Sauveur (26 mai). — Réglementation du service de la place (30 mai). — Fonte des pièces armant la courtine St-Vincent (1er juin). — Fermeture de la chapelle du Marais (2 juin). — Cérémonial de la bénédiction des drapeaux (id.). — Projet de création d'un port national à St-Malo (5 juin). — Cérémonial de la procession de la Fête-Dieu (7 juin). — Distribution de billets de confiance en échange d'assignats

(11 juin). — Incidents à l'hôpital général amenés par la prétention d'un sieur Dorville d'orner le St-Sacrement d'une cocarde tricolore (14 juin).—Incarcération du chapelain de l'hospice et décisions diverses à la suite desdits incidents (id.). — Historique de l'établissement de l'hôpital général (id.). — Refus de la Directrice des Postes de prêter le serment civique (19 juin). — Evacuation du couvent des Ursulines (25 juin). — Décision d'élever un Bonnet de la Liberté sur la tour au nord de la maison commune (26 juin). — Incendie rue *des Cochons* causant la mort de plusieurs victimes (2 juillet). — La Patrie déclarée en danger (17 juillet). — Arrêté pour la répression du vagabondage (22 juillet). — Consigne de police du Château pendant le séjour des détenus (9 septembre). — Défense aux frères Ignorantins de rouvrir leur école (29 septembre). — Proclamation de la République (30 septembre). — Injonction aux religieuses du couvent de Ste-Anne de déguerpir dans les 24 heures (3 octobre). — Prestation de serment de l'équipage de la frégate *La Prudente* et rôle dudit équipage (31 octobre). — Ordonnance de police pour le passage de St-Malo à St-Servan (21 novembre) etc...

LL. 26. (**D. 6.**) registre in-folio de 146 feuillets, relié parchemin.

1792, 9 décembre — an II, 9 nivôse (jours impairs). Délibérations de la municipalité et du conseil général de la commune. — Installation du Conseil général (9 octobre 1792). — Création d'un comité de correspondance (id.). — Décision qu'il y aura, dorénavant, deux registres de délibérations, l'un pour les jours pairs, l'autre pour les jours impairs, afin de ne pas entraver le travail sur les dits registres (id.). — Recensement de la population (3 décembre). — Vérification de la caisse des billets de confiance (17 décembre). — Abus dans le service de la garde nationale (19 décembre). — Incinération des billets de confiance retirés de la circulation (id.). — Interrogatoires de divers détenus (21 décembre). — Abatage du mur de séparation à Notre-Dame (23 décembre). — Inventaire de l'argenterie de la chapelle St-Thomas (25 décembre). — Contribution patriotique de Désilles père (29 décembre). — Mémoire sur la nécessité d'un port national (31 décembre). — Suppression des visites du jour de l'an (id.). — Vérification du poids des cloches de la paroisse qui est de 16,200 livres (id.). — Faux billets de confiance (7 janvier 1793). — Paiement du hersier de la ville (id.). — Règlement de police de sûreté (id.). — Cahier des charges de l'adjudication de la contribution foncière et des patentes (13 janvier). — Découverte de faux assignats de 5 livres (17 janvier). — Renvoi des frères Ignorantins (19 janvier). — Ouverture d'une école publique (21 janvier). — Invitation aux propriétaires des canons, ancres et bornes plantés sur les quais, de fournir leurs titres de propriété, faute de quoi ces objets seront considérés comme abandonnés et confisqués (23 janvier). — Règlement des gardes nationales (29 janvier). — Ordre de mettre l'embargo sur les navires ennemis (1er février). — Discussion avec St-Servan au sujet des biens nationaux (15 février). — Mesures de sûreté pour les bâtiments (19 février). — Prisonniers de la Fosse-Hingant détenus au château et consigne à ce sujet (5 mars). — Pétition pour une digue de port (7 mars). — Suppression des salves pendant la procession de la Fête-Dieu (29 mai). — Proclamation de la loi du maximum (f° 247). — Ordre de faire disparaître les figures de saints placées dans les rues à l'extérieur des maisons (3 messidor an II). — Le citoyen Le Roy demande à changer son nom en celui de Beaupré (5 nivôse an II), etc.

LL. 27. (**D. 7.**) registre in-folio de 170 feuillets, relié parchemin.

1792, 10 décembre — an II, 8 nivôse (jours pairs). — Délibérations de la municipalité et du conseil général de la commune. — Arrêté sur les accaparements. — Démonétisation des assignats à face royale (f° 321). — Incarcération de prêtres venant de Jersey (f° 3). — Arrestation des équipages de bâtiments étrangers se trouvant dans le port (f° 73). — Envoi de canons à diverses localités (f° 174). — Mémoire pour l'établissement d'un bassin à flot à l'ouest de la ville (f° 26 et suivants). — Incinération de billets de confiance (f° 10 et suivant). — Six bourses gratuites mises à la disposition de jeunes élèves de la ville pour l'École des Arts et Lettres de Paris (f° 156). — Cabanes du Sillon et Loge aux chiens (f° 36). — Vente de la cabane des chiens du Guet (f° 46). — Calendrier républicain (f° 268). — Discours prononcé par le Maire à l'arrivée de Carrier (f° 225 et suivants). — Ordre des cérémonies publiques (f° 160). — Etablissement d'un corps de garde à Césambre (f° 68). — Suppression des portes et herses du Château (f°s 48 et 49). — Arrivée à St-Malo de trois membres de la Convention nationale (f° 94). — L'église Saint-Benoit transformée en magasin de grains (f° 10). — Eglise de la Victoire affectée au même usage (f° 14). Dépôt de foin dans l'église Saint-François (f° 110). — Mesures prises pour prévenir les incendies (f° 314). — Arrêté fixant le maximum de la journée de travail (f° 312). — Deux citoyens portant le nom de Le Roy demandent à s'appeler : l'un Potel et l'autre Prenelle (f°s 323 et 325). — Défense d'avoir des vues et jours sur la place de la Commune (f° 148). — Pacte social (f°s 170 et 172). — Police de la salle de spectacle (f° 160). — Dissolution de la société l'Union (f° 261). — Mesures diverses et arrêtés concernant les subsistances (f° 111), etc...

LL. 28. (**D. 8.**) — Registre, 196 feuillets.

11 nivôse an II — 25 nivôse an III (jours impairs). — Délibérations de la municipalité et du conseil général de la commune. Organisation des bureaux de l'administration municipale (11 nivôse an II). — Dépôt fait à la Commune du coffre de la ci-devant communauté des orfèvres (13 nivôse). — Réquisition de Le Carpentier de 6000 quintaux de grains pour St-Malo et St-Servan et arrêté du même, engageant à dater de *Port-Malo* au lieu de la sanctification du nom de la Commune (id.). — Arrêté pour empêcher les enfants de se battre entr'eux (25 nivôse). — Nomination de commissaires pour l'extraction du salpêtre (id.). — Députation de citoyennes demandant la suppression des statues de la paroisse (27 nivôse). — Décision que le conseil général de la commune prendra le titre de “ conseil général *révolutionnaire* de la commune de Port-Malo ” (3 pluviôse an II). — Menuisiers requis pour travailler aux frégates en Solidor (5 pluviôse). — Les malades de la prison transférés au Talard (7 pluviôse). — Réquisition de seigle dans le district de Dol (id.). — Distribution de riz aux pauvres (11 pluviôse). — Recensement des morues (15 pluviôse). — Serment d'invalides de la marine (22, 23, 25 pluviôse). — Arrêté relatif à la destruction des signes de superstition (3 ventôse). — Evasion de prisonniers du Talard (11 ventôse). — Pétition au représentant Carpentier pour l'engager à diminuer la quantité de subsistances que fournit la commune (id.). — Demande de la société populaire d'abattre tous les signes religieux du cimetière (19 ventôse an II). — Arrêté pour obliger les personnes qui assistent au spectacle à se décoiffer (id.). — Invitation aux citoyens possédant des blés de les prêter à la commune qui les leur rendra quand elle aura reçu des secours (7 germinal). — Distribution de riz (id.). — Arrêtés concernant la délivrance des subsistances (13 germinal). — Réglementation de la vente du pain (id.). — La ci-devant église St-Benoit transformée pour servir de grenier d'abondance (19 germinal). — Nomination de commissaires distributeurs de secours (21 germinal). — Rapport de la commission nommée par la société populaire et montagnarde de Port-Malo pour le changement des noms de rues et liste des dits changements (25 germinal). — Surveillance et vérification des approvisionnements. — Destruction des signes de féodalité (5 floréal). — Banquet et divertissements dans le jardin de la commune (9 floréal). — Propagation des bestiaux (23 floréal). — Lits mis en réquisition (25, 27 floréal). — Réquisition de grains (1er prairial). — Arrêté décidant de mettre sur le fronton du temple de la Raison : « Le Peuple Français reconnaît l'Être suprême et l'immortalité de l'âme » (3 et 17 prairial). — Discours prononcé par le représentant Le Carpentier à la fête du 10 août, célébrée à Port-Malo le 23 thermidor an II (23 thermidor). — Mesures pour se procurer du salpêtre, (17 fructidor an II) etc...

LL. 29. (**D. 9.**) — Registre, 189 feuillets, relié parchemin.

10 nivôse an II — 26 nivôse an III (jours pairs). — Délibérations de la municipalité et du conseil général de la commune. — Fête de la Raison, compte-rendu, discours du représentant du peuple Le Carpentier, du maire de la commune (10 nivôse an II). — Prêt de 4 tonneaux de blé par le citoyen Najac (14 nivôse). — Demande au citoyen Lecarpentier de faire défense de brûler le cidre pour faire de l'eau-de-vie (16 nivôse). — Délivrance de certificats de civisme (divers). — Plantation d'un arbre de la Liberté (20 nivôse an II). — Réquisition de 6000 quintaux de grains dans le département des Côtes-du-Nord (22 nivôse). — Etablissement d'un moulin à bras sur le Ravelin (26 nivôse). — Expédition de deux corvettes pour aller chercher, à Paimpol, une barque chargée de grains (2 pluviôse). — Réquisition de seigle et orge dans le district de Dol (8 pluviôse). — Distribution gratuite de riz aux pauvres (12 pluviôse). — Décision au sujet de la réfection des bâtiments de l'ex-couvent de Ste-Anne (12 pluviôse). — Cession, à la République, de chemises par le citoyen Robert de la Mennais (14 pluviôse). — Ordre d'enlever la vierge de la Grand'Porte (20 pluviôse). — Arrêté enjoignant de faire marcher les chevaux au pas dans les rues et au trot sur le Sillon (2 ventôse). — Arrivée à Port-Malo, du représentant du peuple Billaud-Varenne (4 ventôse). — Défense aux aubergistes de donner à boire après la retraite (6 ventôse). — Arrestation des religieuses de l'Hôpital général (6 ventôse). — Création de greniers d'abondance à Lézardrieux et Portrieux (20 germinal an II). — Secours aux parents des défenseurs de la patrie (22 germinal). — Fixation du prix des charrois des chevaux (26 germinal). — Levée de chevaux et voitures dans le canton (6 floréal). — Réquisition de cochons (8 floréal). — Tentative d'évasion de prisonniers (14 floréal). — Transport, au cimetière, des cadavres se trouvant dans les caveaux de la ci-devant maison Ste-Anne (2 prairial an II). — Compte-rendu de la fête de l'Etre suprême (20 prairial). — Les fers, grilles, etc., mis en réquisition (24 prairial). — Destitution d'un boulanger qui fabrique de mauvais pain (26 prairial). — Quarantaine imposée aux navires pestilenciés (*sic*) (30 prairial). — Arrêté pour faire un mélange de grains (14 messidor an II). — Défense de jeter les matières fécales dans les coins (16 messidor). — Suppression des gouttières en vue de faire aller l'eau dans les citernes (id.). — Maximum de la journée de travail (24 messidor). — Triage des parchemins du ci-devant chapitre (16 thermidor an II). — Fêtes décadaires (10 fructidor). — Le moulin du Sillon mis en réquisition (12 fructidor). — Plainte contre Mahé, agent national du District, en raison d'un discours prononcé par lui lors de la fête décadaire (16 vendémiaire an III). — Demande de sucre par la commune d'Enogat (22 vendémiaire an III). — Renouvellement de la liste des membres des diverses administrations de Port-Malo, etc., (20 frimaire an III), etc...

LL. 30. (**D. 10.**) — Registre, 163 feuillets, relié parchemin.

27 nivôse an III — 13 brumaire an IV (impairs). — Délibérations de la municipalité et du conseil général de la commune. — Arrivée en rade du vaisseau de ligne *Le Téméraire*, de 74 canons (11 pluviôse, an III). — Délivrance de certificats de civisme (divers). — Constatation que le prix courant actuel des souliers pour hommes est de 35 livres (23 ventôse). — Troubles à la société populaire (27 ventôse), — Prescriptions relatives à la sûreté intérieure et au désarmement des individus surveillés (19 germinal). — Proclamation de la pacification faite avec les chouans (3 floréal). — Liste des individus désarmés « pour avoir participé aux horreurs commises sous la tyrannie qui a précédé le 9 thermidor » (11 floréal). — Modèle d'un canon à deux coups présenté par le citoyen Bellenoë (29 floréal). — Lettre et arrêté du district, au sujet du désarmement des citoyens ayant participé aux faits antérieurs au 9 thermidor (13 prairial). — Arrêté prononçant la mise en liberté de la citoyenne Veuve Chateaubriand, née Bédée (5 messidor). — Fête de l'anniversaire du 9 thermidor (9 thermidor). — Conformément à la loi du 24 prairial, le conseil général de la commune ne prendra plus le titre de « Révolutionnaire » (13 thermidor). — Etat de la répartition aux indigents de la Commune (15 thermidor). — Elections pour l'organisation de la garde nationale (29 thermidor). — Réglementation de la baignade des militaires (9 fructidor). — Violent incendie à Châteauneuf, lequel détruit 16 maisons (13 fructidor), etc...

LL. 31. (**D. 11.**) — Registre, 140 feuillets, relié parchemin.

Du 28 nivôse an III — 12 brumaire an IV (pairs). — Délibérations de la municipalité et conseil général de la commune. — Arrêté relatif à la réorganisation de la garde nationale (18 pluviôse an III). — Lettre de Hoche annonçant la rentrée de Charette (2 ventôse). — Rapport des commissaires envoyés à la société populaire (28 ventôse). — Mesures de sûreté (14 germinal). — Liste de terroristes (4 floréal). — Les notables sont exemptés du service de la garde nationale (6 floréal). — Règlement et tarif des prix de transport par voitures et chevaux (16 floréal). — Allocations de grains aux hospices (28 floréal). — Mesures contre les terroristes (6 prairial). — Arrivée à St-Malo du représentant du peuple Bourdon de l'Oise (24 prairial). — Secours aux déportés des colonies (26 prairial). — Organisation des autorités constituées de Port-Malo (2 messidor). — Liste d'indigents de la commune (14 messidor). — Estimation de l'habillement complet d'un volontaire : habit, 80 livres ; veste, 30 livres ; culotte, 25 livres ; bonnet de police, 10 livres ; total : 145 livres (4 thermidor). — Bals au profit des indigents (8-10 thermidor). — Avis d'un violent incendie à Châteauneuf (12 fructidor). — Fermeture des églises, vu l'absence de ministres du culte catholique ayant fait la déclaration prescrite par la loi (6e jour complémentaire an III). — Rapport du concierge de la maison d'arrêt informant de l'évasion de plusieurs prisonniers (10 vendémiaire an IV). — Election d'assesseurs du juge de paix (12 brumaire an IV), etc...

LL. 32. (**D. 12.**) — Registre, 278 feuillets, relié parchemin.

13 brumaire an IV — 8 frimaire an VI. — Délibérations de la municipalité — Arrestation d'un prisonnier évadé (25 brumaire an IV). — Nomination d'un commissaire pour inventorier les effets de la ci-devant société populaire (4 frimaire). — Mesures pour l'assiette de l'emprunt forcé (22 nivôse). — Les fonctionnaires publics mis en demeure de faire la déclaration de haine à la royauté (6 pluviôse). — Tarif de l'augmentation des droits de timbre (14 pluviôse). — Levée de chevaux (28 ventôse). — Demandes en divorce. — Fête de la jeunesse (10 germinal). — Fête de la reconnaissance (10 prairial). — Situation de l'hôpital général et historique dudit (20-25 prairial).— Arrêté de l'administration relatif au logement des troupes chez les habitants, dans lequel il est dit que lorsqu'un habitant refusera de loger, les militaires seront mis à l'auberge à ses frais (23 messidor an IV). Arrêté relatif aux logeurs et aubergistes qui seront tenus d'avoir un registre d'entrée et de sortie des étrangers (25 thermidor).— Arrêté défendant aux blanchisseuses de laver dans les abreuvoirs (12 fructidor). — Fixation de la journée des ouvriers employés aux magasins des fourrages : les journées qui étaient fixées à 20 sols avec la ration de pain et de viande seront portées à 30 sols et celles fixées à 15 sols seront portées à 25 sols, payables en numéraire métallique (5e jour complémentaire an IV). — Arrêté qui rétablit à la commune, son ancien nom de St-Malo (14 vendémiaire an V). — Pétition de musiciens composant l'Odeum, demandant l'autorisation de se réunir dans un local rue St-Vincent (18 frimaire). — Arrêté décidant qu'il n'y aura qu'un commissaire de police pour St-Malo (25 nivôse). — Nombreuses pétitions en dégrèvement de contributions (30 nivôse et autres). — Arrêté défendant les bals masqués et les déguisements (3 ventôse). — Règlements pour le passage de St-Servan (16 ventôse). — Arrêté interdisant aux marchands d'huîtres d'ouvrir ces mollusques sur la rampe ou le quai de la Grand'Porte et obligeant à jeter les coquilles dans la grande grève au lieu appelé le Jardin d'amour et non ailleurs (12 germinal). — Arrêté décidant que les églises cathédrale et de Victoire seront ouvertes pour célébrer le culte catholique (17 messidor an V), etc...

LL. 33 (**D. 13.**)—Registre, 200 feuillets, relié parchemin.

9 frimaire — 5e jour complémentaire an VI. — Délibérations de la municipalité — Destitution des membres de l'administration municipale (10 frimaire an VI). — Installation de la nouvelle administration ; nomination de Louis-Pierre Martin, officier de santé, comme président (10 frimaire). — Arrêté relatif à des mesures de sûreté contre les royalistes (23 frimaire). — Nombreuses demandes en dégrèvement d'impôts (25 frimaire et autres). — Fête à l'occasion de la paix continentale ; discours et comptes-rendus (2 pluviôse). — Multiplicité des vols (15 pluviôse). — Règlement du théâtre (3 floréal). — Rapports divers sur la situation des hospices (9 floréal et suivants). — Le citoyen Chifoliau maintenu dans les fonctions d'inspecteur des eaux minérales de Dinan et du Clos-Poulet (14 prairial). — Fête anniversaire du 14 Juillet.— Port-Malo déclaré en état de siège jusqu'à la fin de la guerre (10 fructidor), etc...

LL. 34 (**D. 14**)—Registre, 246 feuillets, relié parchemin.

1er vendémiaire an VII — 1er vendémiaire an VIII. — Délibérations de la municipalité. — Etablissement d'un télégraphe aérien sur la tour de la cathédrale (f° 5). — Proclamation de la loi des décades (f° 8). — Remise de titres concernant les aqueducs (f° 12). — Proclamation relative à la conscription *militaire* (f° 31 et suivants). — Adjudication de l'éclairage de la ville (f° 73). — Obligation à tout propriétaire ou dépositaire de tabacs d'en faire la déclaration (f° 65). — Taxe sur le tabac (f° 78). — Ouverture d'un bureau de garantie pour les matières d'or et d'argent (f° 80). — L'église St-Sauveur est choisie pour la célébration des fêtes décadaires (f° 238). — Interdiction des jeux de hasard (f° 35). — Défense aux marchands regrattiers d'acheter avant 9 heures du matin (f° 100). — Erection d'une statue de la Liberté dans le jardin de la commune (f° 30), etc...

LL. 35. (**D. 15.**) — Registre, 99 feuillets écrits.

1er vendémiaire — 11 floréal an VIII. — Délibérations de la municipalité. — Célébration de la fête de la fondation de la République (1er vendémiaire an VIII). — Autorisation d'avoir des ouvertures sur le jardin de la commune (2 brumaire an VIII). — Proclamation à l'occasion d'une invasion à Port-Brieuc (6 brumaire). — Grave incendie au Talard chez une veuve Dubois ; les dégâts dépassent 35.000 fr. (7 brumaire). — Annonce de la victoire de Mondovi (27 brumaire).— Dégâts causés par la marée d'équinoxe à la grande chaussée qui conduit du Talard à la Motte (23 frimaire). — Subvention extraordinaire de guerre substituée à l'emprunt forcé (15 nivôse). — Abolition du droit de batelée pour le passage de St-Servan : toute personne pourra faire débouter et partir de suite un bateau moyennant 25 centimes, les soldats et ordonnances seront passés *gratis* (21 nivôse). — La cabane aux chiens, du Sillon, transformée en corps de garde (21 ventôse). — Vérification du poids des grains par rapport au cube (6 germinal). — Cessation des fonctions de l'administration municipale (11 floréal an VIII), etc...

LL. 36. (**D. 16.**) — Registre, 16 feuillets écrits.

7 février 1792 — 26 frimaire an II. — Actes de la municipalité. — Délibérations et autres actes du corps municipal « qui doivent être sur papier timbré ». — Démolition de la chapelle Notre-Dame (adjudication des travaux), (7 février 1792). — Adjudication de divers immeubles dépendant du ci-devant évêché (5 mars 1792). — Secours à l'Hôtel-Dieu (28 mars). — Encaissement des dîmes et rentes (11 avril). — Prestations de serment (dates diverses). — Délibération et décision au sujet des vues ouvertes sur le jardin de la commune par le citoyen Leroy, acquéreur de la ci-devant communauté de Ste-Anne (27 avril 1793). — Décision au sujet du trésorier de l'Hôpital Général, ci-devant hospice St-Yves (27 juillet 1793), etc...

LL. 37. (**D. 17.**) — Registre, 196 feuillets.

4 mars 1790 — 10 avril 1792. — Copies des lettres de la municipalité. — Adresse à l'Assemblée nationale : constatation de l'accord entre St-Malo et son faubourg St-Servan (9 mars 1790). — Refus d'envoyer des fusils à Combourg et Lancieux (20 mars). — Arrestation d'un casseur de bois qui faisait du tapage dans l'église et maltraitait, avec un fouet, divers particuliers (22 mars). — Invitation à la municipalité de Dinard de veiller à ce qu'il ne se fasse aucun embarquement suspect sur ses côtes (id.). — Plainte au sujet de la mauvaise foi des habitants de St-Servan (17 avril). — Nombreuses émigrations. — Transport des grains. — Continuation du conflit avec St-Servan. — La ville de St-Malo demande à être comprise pour trois millions dans l'acquisition des biens domaniaux et ecclésiastiques (15 mai 1790). — Liste des paroisses et villes auxquelles les rôles ont été adressés pour rendre exécutoire la contribution patriotique (5 juin). — Adresse de félicitations au roi au sujet de la Révolution (10 juin). — Liste des 33 paroisses composant le district de St-Malo (15 juin). — Lettres relatives aux troubles de Nancy et à la mort de Désilles (29 septembre et suivants) (1). — Invitation au chapitre d'effacer les écussons qui peuvent se trouver sur les monuments quelconques, tant au dehors qu'au dedans de la cathédrale (11 octobre). — Lettre à Bougainville, chef d'escadre à Brest, surnommé « le père des matelots » (7 novembre). — Requête pour la conservation de la maison des pères Récollets dits de St-François (31 décembre). — Lettre adressée à M. de Lacretelle, défenseur des intérêts de St-Malo, dans le conflit avec St-Servan (6 janvier 1791). — Envoi des procès-verbaux d'estimation des biens nationaux pour lesquels la commune a soumissionné (20 janvier). — Lettres au sujet de l'établissement d'un port (dates diverses), etc...

(1) Voir aussi LL. 90.

LL. 38. (**D. 18.**) — Registre, 200 feuillets.

11 mars 1792 — 14 août 1793. — Copies des lettres de la municipalité. — Listes des prêtres existant à St-Malo en mai 1792. — Requête pour la démolition partielle du Château. — Projet d'un port entre les deux Beys. — Retrait des fusils qui se trouvent entre les mains des citoyens non inscrits sur la liste des gardes nationales. — Demande de cartouches pour le service des postes. — Passage de St-Servan. — Lettre au sujet de la remise au département de la guerre, des quais et fortifications de St-Malo et de la réclamation en paiement qui en a été faite. — Vente de vieux canons. — Embarras pour le logement des troupes. — Difficultés pour la subsistance des recrues. — Disette de blé sur les marchés, etc...

LL. 39. (**D. 19.**) — Registre, 190 feuillets.

15 août 1793 — 5 vendémiaire an III. — Copies des lettres de la municipalité. — Mesures pour la sécurité de la ville. — Réclamation au sujet des subsistances. — Démolition des maisons offrant des dangers d'incendie. — Vérification de la quantité de grains existant chez les habitants du Marais. — Arrivée de 28 personnes échappées de l'incendie du Cap. — Les cordonniers mis en réquisition pour la confection des souliers. — Changement du nom de la porte St-Vincent en « Porte des Sans-Culottes », de la Porte St-Thomas en « Porte de la Montagne » et décision de faire graver, à la place de l'écusson qui était en dehors de la porte St-Vincent, les mots : « Commune montagnarde, les brigands et les despotes n'y « entreront que lorsqu'il n'y aura plus de sans-culottes. » — Affreuse disette à St-Malo où il ne reste pas un quintal de froment. — La place St-Pierre nommée « Place Corbinais » en souvenir dudit, assassiné au Vieux-Marché en Miniac pour avoir refusé de crier « Vive Louis XVII! ». — Choix de notables, par Le Carpentier. — Capture d'un navire chargé de grains, par le corsaire l'*Imprenable*. — La maison Baude de la

Vieuville indiquée comme propre à y installer le muséum et la bibliothèque publique.—Plainte au sujet des pêcheurs de macreau *(sic)* qui portent leurs poissons à St-Cast et à St-Jacut, etc...

LL. 40. (**D. 20.**) — Registre, 260 feuillets.

8 vendémiaire an III — 1er ventôse an IV. — Copies des lettres de la municipalité. — Réquisition des cotons filés pour la fabrication des mèches de chandelles. — Plainte au sujet de la rapacité des bateliers faisant le passage entre Port-Malo et Dinard. — Lettre au sujet de la vente de l'artillerie de la ville pour la somme de 66.000 livres, la ville ne s'étant réservé que trois petites couleuvrines qui lui avaient été données par Duguay-Trouin. — Prise de l'*Elisabeth*, navire anglais, par la division du citoyen Thévenard. — Réclamation de subsistances « la population de la ville est de 10.600 âmes ». — Continuation des doléances au sujet des approvisionnements. — Projet d'une digue partant du Grand-Bey pour aboutir au bastion des Rennais en vue d'un bassin à l'ouest de la ville. — Lettre relatant les vexations que le représentant Le Carpentier fit subir à la ville pendant son séjour. — Rapacité des laboureurs, détresse des propriétaires et habitants, etc.

LL. 41. (**D. 21.**) — Registre, 240 feuillets.

2 ventôse an IV — 20 germinal an VI. — Copies des lettres de la municipalité. — Lettres au sujet de l'arrestation d'une fille soupçonnée de conspiration avec les chouans. — Réclamation au sujet du logement des militaires chez l'habitant. — Bonnet, jacobin, brûlé. — Précautions au sujet de l'emmagasinage de la résine et du goudron. — Réclamations en dégrèvement. — Demande de transfert, à St-Malo, du tribunal correctionnel et du jury d'accusation établis à St-Servan. — Défense de faire aucun crédit aux militaires. — Etablissement de la ligne télégraphique de Brest. — Tableau des différentes mesures en usage en France, etc.

LL. 42. (**D. 22.**) — Registre, 229 feuillets.

21 germinal an VI — 11 floréal an VIII. — Copies des lettres de la municipalité. — Installation du télégraphe sur le dôme de la cathédrale. — Démolition de la lanterne de la tour de la cathédrale pour l'établissement du télégraphe. — Réclamation au sujet de l'horloge publique supprimée par suite de l'installation télégraphique. — Situation déchirante de l'hôpital général. — Etat des bâtiments de l'évêché dont partie est occupée par le district. — Invitation aux citoyens artistes, dramatiques et lyriques, à prêter leur concours aux fêtes décadaires. — Etats de bons militaires délivrés par l'administration municipale. — Observations sur l'arrondissement à donner à l'administration et aux tribunaux qui doivent être placés à Port-Malo, etc..

LL. 43. (**D. 23.**) — Liasse, 3 cahiers numérotés 1 à 3.

1er janvier 1793 — an IV. — Copies des lettres de la municipalité. — (1) Copies de lettres concernant les contributions foncières patriotiques et patentes (1er janvier —19 juillet 1793). — (2) Copies de lettres diverses (an III et an IV). — (3) Copies de lettres diverses (an IV).

LL. 44. (**D. 24.**) — Liasse, 4 cahiers, 1 pièce.

1790. — Affaires municipales diverses. — (1) Requête des Servannais au Parlement de Bretagne pour obtenir d'être séparés de St-Malo (février 1790). — (2) Trois mémoires des habitants de St-Malo en réponse à la demande formulée par St-Servan (février 1790). — (3) Ultimatum de la commune de St-Servan en réponse au dernier mémoire des Malouins (id.)

LL. 45 (**D. 25.**) — Liasse, 67 pièces numérotées de 1 à 67.

2 mars 1790 — 11 novembre 1811. — Rapports de la municipalité avec les administrations et correspondances avec divers. — Lettres : de Valais, imprimeur-libraire ; — de Michel de la Morvonnais ; — de Fournier de Varennes ; — des curés constitutionnels de St-Malo et de Paramé ; — de la municipalité de Brest au sujet des billets de confiance ; — de la municipalité de Moncontour pour demander de la poudre ; — de Dinan au sujet des émigrés ; — des administrateurs du département d'Ille-et-Vilaine au sujet d'un manuscrit qui devait être imprimé à St-Malo et contraire au goût du jour ; — des administrateurs de l'Hôtel-Dieu, au sujet de la disette ; — de la municipalité de Bressuire ; — du ministre de la guerre ; — du commissaire des revenus nationaux ; — etc.

LL. 46. (**D. 26.**) Liasse
51 pièces numérotées de 68 à 118

5 mai 1790-1798. — Rapports de la municipalité avec les administrations et correspondances avec divers. — (68) Proclamation de la municipalité pour l'application du règlement de police (5 mai 1790). — (69) Lettre de Magon de la Lande, autorisant à faire abattre les fourches patibulaires de la Hoguette, à lui appartenant (29 juin 1790). — (70) Délibération autorisant l'élargissement du sieur Le Même (16 septembre 1790). — (71) Compte-rendu de la gestion du directoire de St-Malo (1791). — (72) Arrêté prescrivant aux aubergistes et logeurs d'avoir un registre d'inscription des voyageurs (20 février 1792). — (73) Lettre au sujet des biens nationaux (2 mars 1792). — (74) Lettre sur le même sujet (6 mars 1792). — (75) Erection, à Dol, d'une statue de la Liberté (14 novembre 1792). — (76) Lettre relative à la création du Bulletin officiel (29 septembre 1792). — (77) Lettre au sujet d'un port national à St-Malo (8 octobre 1792). — (78) Délibération du conseil général de la commune relative à l'élection d'un commissaire de police (29 novembre 1792). — (79) Lettre du conseil général de la commune de St-Malo au ministre de la marine, à l'occasion de la nomination de Tréhouart, maire, comme amiral (19 février 1793). — (80) Instruction pour la fabrication des piques destinées à armer les citoyens (20 février 1793). — (81) Arrêté des sections concernant les prêtres non assermentés et autres (16 septembre 1793). — (82) Réquisition de séquestration de biens contre divers (28 septembre 1793). — (83) Faculté aux communes de changer de nom (2 novembre 1793). — (84) Avis d'avoir à envoyer un courrier à Rennes (17 décembre 1793). — (85) Arrêté décidant qu'une somme de 15.000 livres sera mise à la disposition de la municipalité (1er nivôse an II). — (86) Prescriptions relatives au tableau du maximum qui doit être affiché dans chaque boutique (4 nivôse an II). — (87) Sept lettres du représentant Le Carpentier, sur divers sujets (24 décembre 1793 au 14 avril 1794). — (88) Arrêté prescrivant une levée de scellés (18 nivôse an II). — (89) Lettre au sujet des biens nationaux (11 février 1794). — (90) Autorisation d'avoir une cloche pour les appels civiques (7 ventôse an II). — (91) Arrêtés de Le Carpentier relatifs à la coupe du goëmon (12 ventôse an II). — (92) Instruction préfectorale au sujet de la tenue du registre des délibérations de la commune (15 ventôse an II). — (93) Etablissement d'une guillotine à St-Malo (1er germinal an II). — (94) Autorisation de transport de vin (8 germinal an II). — (95) Arrêté de Le Carpentier nommant des administrateurs de la commune (3 floréal an II). — (96) Demande de vin visée par Le Carpentier (8 floréal an II). — (97) Arrêté relatif à l'exploitation des bois taillis au-dessous de 14 ans (18 floréal an II). — (98) Arrêté du comité de salut public relatif aux salaires (13 prairial an II). — (99) Permis d'achat de bois délivré par Le Carpentier (15 prairial an II). — (100) Permis d'achat de denrées (20 prairial an II. — (101) Arrêté de Le Carpentier relatif au plomb (25 prairial an II). — (102) Arrêté pour la construction de deux petits affûts (25 prairial an II). — (103) Lettre des administrateurs du district relative aux passeports pour les colonies (9 messidor an II). — (104) Arrêté de Le Carpentier relatif aux demandes abusives des ouvriers à l'année (15 messidor an II). — (105) Lettre au sujet du travail le jour des décades (21 messidor an II). — (106) Arrêté des représentants du peuple près les côtes maritimes, ordonnant de mettre en liberté les artisans des communes au-dessous de 1200 habitants, qui se trouvent détenus comme suspects (9 fructidor an II). — (107) Prescriptions du district au sujet des coupes de bois (18 nivôse an III). — (108) Lettre de Renoul, agent national du district (6 floréal an III). — (109) Avis de vente de biens (6 messidor an III). — (110) Lettre du département au sujet des prêtres insermentés laissés en liberté sous prétexte de maladie (24 germinal an IV). — (111) Lettre de De Brecey, maire, se déclarant sincèrement attaché à la République et vouant une haine éternelle à la royauté (8 nivôse an IV). — (112) Placard relatif aux élections (25 ventôse an V). — (113) Arrêté de l'administration centrale du département d'Ille-et-Vilaine relatif à la sûreté générale (5 prairial an VI). — (114) Arrêté du Directoire exécutif nommant un juge de paix et 3 assesseurs (14 fructidor an VI). — (115) Réimpression de la Déclaration des droits de l'Homme (19 ventôse an VII). — (116) Proclamation de la municipalité aux habitants des campagnes (26 vendémiaire an VII). — (117) Avis relatif au changement de date des locations (24 pluviôse an VII). — (118) Pièces relatives au transfert de diverses archives (1799).

Série E

ÉTAT CIVIL

E. 1.	Registre des naissances		**1790**
E. 2.	»	mariages	id.
E. 3.	»	décès	id.
E. 4.	«	naissances	**1791**
E. 5.	»	mariages	id.
E. 6.	»	décès	id.
E. 7.	»	naissances	**1792**
E. 8.	»	mariages	id.
E. 9.	»	décès	id.
E. 10.	»	naissances	**1793**
E. 11.	»	mariages	id.
E. 12.	»	décès	id.
E. 13.	»	naissances	**1794 an III**
E. 14.	»	mariages	id.
E. 15.	»	décès	id.
E. 16.	»	naissances	**an IV**
E. 17.	»	mariages	id.
E. 18.	»	décès	id.
E. 19.	»	naissances	**an V**
E. 20.	»	mariages	id.
E. 21.	»	décès	id.
E. 22.	»	naissances	**an VI**
E. 23.	»	mariages	id.
E. 24.	»	décès	id.
E. 25.	»	naissances	**an VII**
E. 26.	»	mariages	id.
E. 27.	»	décès	id.
E. 28.	»	naissances	**an VIII**
E. 29.	»	mariages	id.
E. 30.	»	décès	id.
E. 30. bis.	Tables d'état civil de **1790 à l'an VII**		

LL. 47. (**E. 31.**) Registre, 85 feuillets.

26 octobre 1792 — 29 fructidor an II. — Promesses de mariage.

LL. 48. (**E. 32.**) — Registre, 58 feuillets.

1er vendémiaire — 5e jour complémentaire an III. — Promesses de mariage.

LL. 49. (**E. 33.**) — Registre, 41 feuillets.

4 vendémiaire — 13 prairial an IV. — Promesses de mariage.

LL. 50. (**E. 34.**) — Registre, 36 feuillets.

8 vendémiaire — 5e jour complémentaire an V. — Promesses de mariage.

LL. 51. (**E. 35.**) — Registre, 38 feuillets.

3 vendémiaire — 3e jour complémentaire an VI. — Promesses de mariage.

LL. 52. (**E. 36.**) — Registre, 29 feuillets.

6 vendémiaire — 6e jour complémentaire an VII. — Promesses de mariage.

LL. 53. (**E. 37.**) — Registre, 26 feuillets.

3 vendémiaire — 30 fructidor an VIII.—Promesses de mariage.

LL. 54. (**E. 38.**) — Registre, 38 feuillets.

An VIII. — Adoptions et divorces.

LL. 55. (**E. 39.**) — Carton, 3 cahiers.

An VII— an X.—Pièces à l'appui des actes d'état civil.

LL. 56. (E. 40.) — Liasse, 153 pièces.

1792. — Pièces diverses à l'appui des mariages.

LL. 57. (E. 41.) — Liasse, 305 pièces.

1793. — Pièces diverses à l'appui des mariages.

LL. 58. (E. 42.) — Liasse, 376 pièces.

An II. — Pièces diverses à l'appui des mariages.

LL. 59. (E. 43.) — Liasse, 298 pièces.

An VI. — Pièces diverses à l'appui des mariages.

LL. 60. (E. 44.) — Liasse, 195 pièces.

An V. — Pièces diverses à l'appui des mariages.

LL. 61. (E. 45.) — Liasse, 201 pièces.

An VI. — Pièces diverses à l'appui des mariages.

LL. 62. (E. 46.) — Liasse, 110 pièces.

An VII. — Pièces diverses à l'appui des mariages.

LL. 63. (E. 47.) — Registre, 97 feuillets.

1792. — Déclarations de domicile.

LL. 64. (E. 48.) — Registre, 293 feuillets.

23 juillet 1792. — 31 juillet 1812. — Déclarations de domicile.

LL. 65. (E. 49.) — Registre, 71 feuillets.

10 mars 1793 — 27 brumaire an X. — Certificats de résidence.

LL. 66. (E. 50.)—Liasse, 11 pièces numérotées de 1 à 11

23 juillet 1792 — 4 fructidor an VII. — (1) Avis de domicile du sieur Boulleuc (23 juillet 1792) — (2) Requête de Mme de la Ravillais pour obtenir de séjourner quelque temps à Port-Malo (26 juillet 1792). — (3) Demande de résidence de M. La Frugalays (1er août 1792). — (4) Demande d'admission à résidence du sieur de la Ravillais (3 août 1792). — (5) Certificat de résidence Lemerer (26 août 1793). — (6) État des citoyens absents dont le domicile se trouve dans l'arrondissement de St-Malo (1793 à 1794). — (7) Certificat de résidence et identité concernant Bertrand Guisnel (16 octobre 1794). — (8) Instructions du directoire du département relatives à l'état civil (6 vendémiaire an V.) — (9) Instructions pour le dépôt des registres d'état civil (27 prairial an V). — (10) Lettre relative à l'achat des registres d'état civil (18 fructidor an V. — (11) Avis du décès en prison de Pierre-Anne-Marie de Chateaubriand (4 fructidor an VII).

Série F

STATISTIQUE

Population, Commerce et Industrie, Agriculture, Subsistances, etc.

LL. 67. (**F. 1.**) — Caderne, 22 cahiers.

1795. — Recensement de la population. — Il résulte de ce recensement que la population de Port-Malo s'élevait alors à 9.222 habitants, se répartissant comme suit :

	H. mariés et veufs	F. mariées et veuves	Garçons	Filles		Total
Intra muros	1644	2298	1937	3146	=	9025
Sillon et banlieue	31	33	66	67	=	197
Totaux	1675	2331	2003	3213	=	9222

LL. 68. (**F. 2.**) — Registre, 600 feuillets.

1799 — Recensement de la population en 1799.

Nombre d'habitants *intra muros*	8879
— banlieue	180
Total	9059

LL. 69. (**F. 3.**) — Liasse, 8 pièces.

1er pli, an IV. — Mouvement de la population, 3 pièces.

Tableau des naissances	1 pièce.
— des mariages	1 pièce.
— des divorces	1 pièce.
2e pli, Statistique de l'an IV	5 pièces.

LL. 70. (**F. 4.**) — Liasse, 17 plis numérotés de 1 à 17.

1783-1812. — Commerce et Industrie. — (1) État des bâtiments de commerce armés de 1783 à mai 1790 (original) cahier de 12 feuillets. — (2) Copie de l'état ci-dessus (cahier de 14 feuillets). — (3) Prix moyen des salaires des ouvriers, cahier de 3 feuilles (2 janvier 1790). — (4) Lettre des *Amis de la Constitution*, promettant d'appuyer les réclamations faites en faveur des pêcheurs de morues (17 février 1791) (1). — (5) Journal de voyage de Emmanuel Le Joliff, capitaine du navire *Menage*, armé pour la pêche de Terre-Neuve (1791). — (6) Lettre relative à la protection à accorder aux bâtiments de commerce sur les côtes et à Terre-Neuve (6 mai 1792). — (7) Lettre de Garat, relative à un navire chargé de froment (22 mars 1793). — (8) Liste des faillis (28 vendémiaire an III). — (9) Circulaire prescrivant la recherche de la *Feuille du Cultivateur* (11 fructidor an III). — (10) Liquidation de la prise *Le Peggy* par le corsaire *Le Furet* (17 messidor an V). — (11) Dépôt du compte relatif à la prise du navire anglais *London*, par le corsaire *Le Furet* (7 thermidor an V). — (12) Pièces relatives à la prise du *London* par le corsaire *Le Furet* (8 fructidor an V). — (13) Liquidation de la prise *Prince d'Asturies*, par le corsaire *Le Furet* (21 fructidor an V). — (14) Compte des débours du *Furet* (an V). — (15) Liquidation générale de la seconde course du corsaire *Le Furet* (an VI). — (16) Registre d'examen des marins de la marine marchande, cahier de 36 feuilles (de 1792 au 23 thermidor, an X). — (17) Instructions au capitaine Le Joliff, au sujet des voyages à effectuer par le cartel *Le Souffleur* (22 mars 1812).

(1) Cette lettre a été publiée par nous dans le journal *La Côte d'Émeraude*, H.

LL. 71. (F. 5.) — Liasse, 13 pièces numérotées de 18 à 30.

24 juin 1792 — 5 floréal an VII. — Agriculture. (18) Décret relatif aux moulins à blé inventés par les citoyens Duran (24 juin 1792). — (19) Etat de marchandises (1793). — (20) Tableau de la population agricole de la commune (1793). — (21) Compte des entrées et sorties de grains (1793). — (22) Déclarations du produit de la récolte des habitants du marais (an II). — (23) Recensement des animaux et bestiaux (an II). — (24) Instructions relatives aux travaux agricoles (prairial, an II). — (25) Surveillance de la récolte des grains (5 thermidor an II). — (26) Fixation des salaires pour le battage des grains (11 thermidor, an II). — (27) Tableau des ensemencements de la commune de Port-Malo (3 ventôse an III). — (28) Etat des terres, cultures, etc. (23 vendémiaire an V). — (29) Conseils pour l'agriculture (2 thermidor an V). — (30) Création de concours agricoles (5 floréal an VII).

LL. 72. (F. 6.) — Liasse, 43 pièces numérotées de 31 à 73.

1790 — an VII. — Marchés et subsistances. — (31) Le maire de Plancoët exprime ses craintes d'émeute par suite de la rareté des subsistances (2 mars 1790). — (32) Le maire de Lamballe expose ses doléances, motivées par le manque de subsistances (28 mai 1790). — (33) Lettre de la société patriotique, relative aux subsistances (12 juin 1790). — (34) Requête pour approvisionnement de riz, en raison de la disette et engagement de le payer au cours (17 juin 1790). — (35) Pièces relatives à l'émeute provoquée par un sieur Le Même, soupçonné d'accaparement des grains (11 septembre 1790). — (36) Circulaire du Ministre de l'Intérieur aux habitants des campagnes, pour les engager à faire transporter à Paris, ou dans d'autres villes de l'intérieur, les grains provenant de leurs récoltes (1792). — (37) Lettre de la municipalité de Granville, au sujet de l'importation des denrées (10 juin 1792). — (38) Proclamation du Conseil exécutif relative aux subsistances (31 octobre 1792). — (39) Comptes des grains en dépôt à Saint-Malo (1792-1793). — (40) Disette et émeutes populaires (pli de 9 pièces), (1793). — (41) Rennes remercie St-Malo pour son aide pendant la disette (18 avril 1793). — (42) Pancarte du prix du pain (3 exemplaires), (22 juin 1793). — (43) Lettre de Garat relative aux subsistances (27 juin 1793). — (44) Circulaire sur les subsistances (2 juillet 1793). — (45) Comptes des blés et farines fournis par la ville aux boulangers qui en manquaient (juillet 1793). — (46) Délibération relative au paiement des blés fournis à Saint-Servan (17 septembre 1793). — (47) Arrêté des représentants du peuple, relatif à la rentrée des grains dans les magasins de Rennes (28 novembre 1793). — (48) Entrée et sorties de blés (décembre 1793). — (49) Lettre de Jouennaulx, commissaire du commerce, sur les approvisionnements (31 juillet 1794). — (50) Recensement des grains et fourrages de la commune (18 nivôse an II). — (51) Arrêté de Le Carpentier concernant la cuisson du pain (26 nivôse an II). — (52) Instruction pour les approvisionnements et subsistances (nivôse an II). — (53) Pancarte du prix du pain (an II). — (54) Attribution de grains à la commune de Paramé (18 germinal an II). — (55) Lettre du Conseil révolutionnaire de Port-Malo demandant de la farine (germinal an II). — (56) Autorisation de vente de miel (9 floréal an II). — (57) Circulaire du district au sujet de la circulation des denrées (2 prairial an II). — (58) Requête du citoyen Savoye, tendant à obtenir l'autorisation d'acheter du vin à Port-Malo (11 floréal an II). — (59) Lettre au sujet des approvisionnements (24 floréal an II). — (60) Lettre au sujet de la circulation des cidres (20 thermidor an II). — (61) Lettre du district, au sujet des approvisionnements (21 fructidor an II). — (62) Requête des cordonniers au sujet des cuirs (vendémiaire an III). — (63) Répartition des denrées du citoyen Jallobert (24 septembre 1794). — (64) Arrêté relatif au prix des avoines (27 vendémiaire an III). — (65) Instructions relatives aux subsistances (27 vendémiaire an III). — (66) Pancarte du prix des grains et fourrages (2 frimaire an III). — (67) Convention entre les communes de Port-Malo et Solidor *(sic)* de partager également entre elles les grains dont il serait fait versement (3 nivôse an III). — (68) Facture d'un approvisionnement de riz (4 vendémiaire an IV). — (69) Circulaire relative aux foires et marchés (16 prairial an VI). — (70) Arrêté du département d'Ille-et-Vilaine portant fixation des foires et marchés (1er thermidor an VI). — (71) Arrêté semblable (18 ventôse an VII). — (72) Arrêté semblable (19 floréal an VII). — (73) Procès-verbaux de comptes de cuirs (liasse).

LL. 73. (F. 7.) — Liasse, 3 cahiers imprimés, numérotés de 74 à 76.

1792 — an II. — Mesures exceptionnelles prises pendant la période révolutionnaire. — (74) Arrêtés et prescriptions relatifs à la circulation des denrées, cahier 10 feuillets (décembre 1792). — (75) Maximum des aliments, épiceries et drogueries, cahier 9 feuillets imprimés (thermidor an II). — (76) Tableau complet du maximum (cahier, 30 feuillets imprimés) (fructidor an II).

LL. 74. (F. 8.) — Liasse, 41 pièces, numérotées de 77 à 117.

1792 — an VI. — Mesures exceptionnelles prises pendant la période révolutionnaire. — (77) Pli de divers documents relatifs aux *billets de confiance* émis en 1792 pour le district de St-Malo (1792). — (78) Bordereau des valeurs déposées à la caisse patriotique de confiance (1792). — (79) Bon de garantie de 1200 livres pour les billets de confiance (4 août 1792). — (80) Pièces relatives à de faux billets de confiance (8 août 1792). — (81) Etat de la caisse patriotique de confiance (18 octobre 1792). — (82) Compte de la caisse des dépôts relativement à l'échange de *billets de confiance* (décembre 1792). — (83) Brouillon du journal pour servir à l'échange des billets de confiance (1792-1793). — (84) Brouillon du grand'livre des billets de confiance (1792-1793). — (85) Documents relatifs aux billets de confiance (1792-1793). — (86) Pli de diverses lettres au sujet du maximum (1793). — (87) Journal de la caisse d'échange des billets de confiance (1793). — (88) Caisse de confiance, autorisation de retraits et dépôts (an II). — (89) Instructions de la municipalité relatives à l'exécution de la loi proscrivant les marchandises de provenance anglaise (an II). — (90) Fixation du maximum (an II). — (91) Délibération du district relative au maximum (an II). — (92) Compte-rendu des *opérations des billets de confiance* (1793). — (93) Décret fixant le maximum des prix des denrées et fourrages (11 septembre 1793). (94) Décret fixant le maximum du prix des denrées (29 septembre 1793). — (95) Délibération du directoire du district relative à l'application du maximum (5 brumaire an II). — (96) Dépôt des lettres de change chez les receveurs généraux et défense de prendre du papier étranger (nivôse an II). — (97) Confiscation de bois à feu (22 nivôse an II). — (98) Fixation du maximum (18 pluviôse an II). — (99) *Augmentation du maximum* (pluviôse an II). — (100) Réquisition de grains pour la subsistance (pluviôse an II). — (101) Fixation du maximum de diverses denrées (18 pluviôse an II). — (102) Augmentation du prix du maximum (18 pluviôse an II). — (103) *Décret de la Convention nationale* contenant l'instruction pour reconnaître les faux assignats (ventôse an II). — (104) Réquisition de savon (3 germinal an II). — (105) Proclamation aux cultivateurs leur rappelant qu'ils ne sont que dépositaires de leurs récoltes, qui appartiennent à la nation (17 germinal an II). — (106) Réquisition de grains (3 prairial an II). — (107) Réquisition de grains (22 prairial an II). — (108) Réquisition de riz (26 prairial an II). — (109) *Fixation du contingent du maximum pour diverses communes* (21 ventôse an II). — (110) Instruction pour la réquisition des denrées (12 messidor an II). — (111) Lettre d'envoi du maximum (8 fructidor an II). — (112) Pancarte du maximum *des grains et fourrages* (3 frimaire an III). — (113) Lettre de l'agent national relative aux prix des denrées (3 germinal an III). — (114) Lettre de Berthier et Pons (de Verdun), membres du comité de législation, au sujet des assignats (13 floréal an III). — (115) Avis *relatif à la circulation des faux assignats* (11 pluviôse an IV). — (116) Tableau d'échange des assignats (2 messidor an IV). — (117) Mesures pour empêcher l'exportation des grains (25 vendémiaire an VI).

Série G

CONTRIBUTIONS, ADMINISTRATIONS FINANCIÈRES

LL. 74. (G. 1). — Liasse, 13 pièces, numérotées de 1 à 13.

1789 — an VIII. — Impôts directs. — (1) Réclamation de la ville de St-Malo au sujet de la division en départements (21 novembre 1789). — (2) Mandement de la contribution foncière (1791). — (3) Mandement de la contribution mobilière (1791). — (4) Mandement de la contribution mobilière (1792). — (5) Etat des non-valeurs sur les rôles de fouages et capitation (4 décembre 1792). — (6) Rôle de la contribution foncière (1793). — (7) Mandement de la contribution foncière (1793). — (8) Avis relatif aux contributions (15 fructidor an II). — (9) Formation des rôles de la contribution foncière, avis au sujet des mutations (25 fructidor an II). — (10) Etat des contributions foncières et mobilières de 1791 et 1792, dressé par Surcouf père, percepteur (21 pluviôse an III). — (11) Déclaration foncière de Louis Blaize (16 pluviôse an IV). — (12) Procès-verbal et plan des grand et petit Talards (4 germinal an VII). — (13) Adjudication de la perception des contributions (27 pluviôse an VIII).

LL. 75. (G. 2.) — Registre, 48 feuillets, in-folio broché.

1791. — Contribution foncière ; état de la section G, St-Sauveur.

LL. 76. (G. 3.) — Cahier, 40 feuillets, in-folio broché.

An IV. — Registre des patentes de Port-Malo.
Pierre Cousin, négociant, 750 livres ; Henri Hovius, livres, papiers, etc., 100 livres ; etc.

LL. 77. (G. 4.) — Registre, 63 feuillets, in-folio relié carton.

An VII. — Contribution foncière (matrice de rôle).

937 articles s'élevant à : *Intra muros* 200.821 fr.
Extra muros 15.410 fr.

Ensemble... 216.231 fr.

LL. 78. (G. 5.) — Registre, 87 feuillets, in-folio relié carton.

An VII. — Contribution personnelle mobilière (matrice de rôle).

1.732 articles produisant :
Cotes personnelles.................... 3.897 fr.
Taxes mobilières sur 98.678 fr. de loyers 6.649 fr. 79.

LL. 79. (G. 6.) — Registre, 81 feuillets, in-folio cartonné.

An VIII. — Contribution personnelle mobilière (matrice de rôle.

Cotes personnelles.......... 3.561 fr. 75
Cotes mobilières............ 13.028 fr.

LL. 80. (G. 7.) — Registre, 85 feuillets, in-folio relié parchemin.

25 thermidor an VII — 18 janvier 1829. — Déclarations des citoyens concernant le commerce, la profession etc., qu'ils entendent exercer ou quitter. —

Marie Abraham, veuve Magorneau, déclare n'avoir jamais débité de cidre ni exercé aucun commerce. — Thérèse Letimbre déclare ne pas professer le commerce de friperie mais entend continuer le métier de revendeuse. — Olivier Lhotelier, demeurant rue du Puits-Aubré (*sic*), déclare que le commerce de bois qu'il avait entrepris l'an dernier ne lui ayant rapporté que des pertes, il a cessé ce commerce et compte s'en tenir à l'avenir à la profession de débitant de cidre, etc.

LL. 81. (G. 8.) — Liasse, 35 pièces, numérotées de 14 à 46 (y compris 32 bis et 32 ter).

1789 an VIII. — Impôts particuliers à la période révolutionnaire. — (14) Extrait de délibérations relatives à des dons patriotiques (30 septembre 1789). — (15) Situation financière à l'occasion de l'emprunt patriotique (1789). — (16) Lettre de Lambert, ministre et conseiller d'Etat, relative aux impositions (21 septembre 1789). — (17) Bordereau des dons patriotiques des habitants de St-Malo (15 octobre 1789). — (18) Bordereau de dons patriotiques (4 octobre 1789). — (19) Bordereau de dons patriotiques (5 octobre 1789). — (20) Bordereau de dons patriotiques (7 octobre 1789). — (21) Bordereau de dons patriotiques (13 octobre 1789). — (22) Bordereau de dons patriotiques (21 octobre 1789). — (23) Copie d'une lettre de Necker, relative à la contribution patriotique (29 octobre 1789). — (24) Lettre relative à la contribution patriotique (29 mars 1790). — (25) Lettres patentes relatives à la contribution patriotique (16 avril 1790). — (26) Lettres patentes au sujet de la contribution patriotique (25 avril 1790). — (27) Réduction de la contribution patriotique du major du château de St-Malo (22 novembre 1790). — (28) Lettre du directoire du district au sujet de la contribution patriotique (27 novembre 1790). — (29) Contribution patriotique du sieur Le Mêle (10 mars 1792). — (30) Tableau des imposables pour l'emprunt forcé (1793). — (31) Matrice des rôles de l'emprunt forcé (1793). — (32) Lettre de Paré, ministre de l'intérieur, pour engager à faire lever la contribution patriotique (27 septembre 1793). — (32 bis) Etat des non-valeurs, contribution patriotique (an II). — (32 ter) Prestation de serment de divers armateurs au sujet de la contribution patriotique (an II). — (33) Pièces relatives à l'emprunt forcé de l'an IV. — (34) Loi sur l'emprunt forcé (3 nivôse an IV). — (35) Neuf types de bons de l'emprunt forcé de l'an IV. — (36) Délibération du Directoire exécutif relative à l'emprunt forcé (8 pluviôse an IV). — (37) Rôle des différentes classes des contribuables à l'emprunt forcé (22 pluviôse an IV). — (38) Requête pour modération de la taxe de l'emprunt forcé (28 ventôse an IV). — (39) Liste des citoyens portés sur le rôle de l'emprunt forcé (an IV). — (40) Liste d'imposition, emprunt forcé (an IV). — (41) Lettre relative à l'emprunt forcé (6 nivôse an IV). — (42) Tableau des citoyens de la commune de Port-Malo portés sur le rôle de l'emprunt forcé (an IV). — (43) Requête en réduction de la taxe de l'emprunt forcé (22 fructidor an IV). — (44) Requête de la veuve Magon de la Lande, au sujet de son imposition pour l'emprunt forcé (fructidor an IV). — (45) Lettre relative à l'emprunt forcé (23 prairial an VI). — (46) Déclaration de Le Noir de Largentaye, au sujet de l'emprunt (15 vendémiaire an VIII).

LL. 82. (**G. 9.**) — Registre. 98 feuillets in-folio, dont 12 écrits, relié parchemin.

1789-1790. — Enregistrement des dons patriotiques des habitants de Saint-Malo, du 1er octobre 1789 au 14 octobre 1790 : Le Nouvel, maître d'écritures, une alliance d'or ; Le Gal de Binnemare, trésorier de la marine, 1.000 livres ; Joseph Fichet, armateur, 500 livres ; famille Jouanjan, 96 livres ; la confrérie des charpentiers et menuisiers, 150 livres ; Robert Mennais, frères, 4.008 livres ; Blaize de Maisonneuve un quart de ses revenus, etc.

LL. 83. (**G. 10.**) — Registre in-folio, 143 feuillets écrits relié parchemin.

1790-1792. — Contribution patriotique, du 13 mars 1790 au 1er décembre 1792 : Déclaration de Louis Pierre Martin, maître en clinique, 400 livres ; Trehouart de Baulieu, 1200 livres ; Apuril Kerloguen, 1250 livres ; Massuère-Giron, 200 livres ; Chifoliau, médecin, 500 livres ; Rogon de Carcaradec, 2.201 livres ; Locquet de Granville, 3.600 livres ; Robert Mennais, 1.600 livres ; Françoise Jallobert, 800 livres ; Michel Trublet, père, 1.200 livres ; Cambernon Desilles, 900 livres, etc.

LL. 84. (**G. 11.**) — Registre in-folio, 26 feuillets écrits, broché.

1790. — Contribution patriotique. (Dans ce registre se trouve la liste de toutes les personnes domiciliées à Saint-Servan, 32 feuillets écrits.)

LL. 85. (**G. 12.**) — Liasse, 5 pièces numérotées de 47 à 51.

1792 — an VIII. — Relations de la commune avec

les administrations financières. — (47) Instructions sur le timbre et l'enregistrement des actes administratifs (11 mars 1792). — (48) Lettre relative à la protection des forêts (5 ventôse an II). — (49) Formules pour les états de pensions aux religieux (an II). — (50) Instructions relatives aux pensions (an V). — (51) Liquidation de la pension du sieur Beauchemin, musicien de l'ex-cathédrale (an VIII).

Série H

AFFAIRES MILITAIRES

LL. 86. (**H. 1.**) — Registre, 7 feuillets écrits, grand in-4°, cartonné.

1792. — Recrutement. Engagements volontaires pour les compagnie franches, du 29 juillet au 27 août 1792. — Enregistrement de 25 engagements, parmi lesquels : Julien Hougct, clerc d'avoué, 18 ans ; François Furet, cordonnier à St-Servan, 18 ans ; François Lefèvre, cuisinier à St-Malo, 46 ans ; Patrice Rocherel, porte-faix, 45 ans ; Antoine Buliot, 37 ans ; René Poyphelon, 58 ans, ce dernier engagement annulé « messieurs du district ayant jugé le susdit trop âgé pour servir dans les compagnies franches », etc.

LL. 87. (**H. 2.**) — Liasse, 25 pièces, numérotées de 1 à 24 (y compris le numéro 11 bis).

1789 an VIII. — (1) Extrait de délibération municipale concernant la milice nationale (26 août 1789). — (2) Règlement provisoire pour la milice nationale (12 septembre 1789). — (3) Comptes de Surcouf, receveur de l'amirauté (mai 1791 à juin 1792). — (4) Instruction du ministre de l'intérieur au sujet des secours aux parents des marins et militaires (1793). — (5) Capture faite par la frégate la *Résolue*, d'un sloop à bord duquel étaient six émigrants (19 novembre 1793). — (6) Interdiction aux pêcheurs de la Manche de sortir avant le jour et obligation de rentrer avant la nuit (15 pluviôse an II). — (7) Avis d'envoi d'une dépêche relative à une attaque probable des Anglais (25 fructidor an II). — (8) Liste des citoyens désignés par le Conseil de la commune de Port-Malo pour s'armer sur la demande de l'agent national (an III). — (9) Arrêté du représentant Grenot relatif aux gardes territoriales (messidor an III). — (10) Proclamation du Directoire exécutif aux jeunes gens de la 1re réquisition (20 ventôse an IV). — (11) Situation de la caisse des Invalides de la marine (1er prairial an IV). — (11 bis) Lettre du citoyen Dupuy, ordonnateur au cap de Bonne-Espérance, relative à la prise du *Triton*, par le corsaire Surcouf (8 thermidor an V). — (12) Interrogatoires relatifs à la prise d'une goélette américaine (11 brumaire an V). — (13) Instruction pour l'exécution de la loi sur la formation de l'armée de terre (19 fructidor an VI). — (14) Bâtiment espagnol capturé sous le fort des Rimains et déclaré de bonne prise (vendémiaire an VII). — (15) Lettres relatives au lancement de la frégate *La Pallas* (9 brumaire an VII). — (16) Loi et instruction relatives aux dispenses de service militaire demandées par les conscrits et réquisitionnaires (28 nivôse an VII). — (17) Lettres de nomination du citoyen Tréhouart au commandement du *Formidable* (19 germinal an VII). — (18) Arrêté du Directoire exécutif constituant les compagnies franches de conscrits (22 messidor an VII). — (19) État nominatif du bataillon de la garde nationale dite « armée d'Angleterre » (17 fructidor an VII). — (20) Organisation d'une compagnie franche (vendémiaire an VIII). — (21) Instruction du général en chef de l'« armée d'Angleterre » (20 nivôse an VIII). — (22) Permis de transport de farines et denrées pour l'armée d'Angleterre (an VIII) (23) État des acquits-à-caution délivrés pour le transport par mer des approvisionnements à l'armée d'Angleterre (1798 à 1800). — (24) Acquits-à-caution pour l'armée navale de Brest (an VIII et suivants).

LL. 88. (**H. 3.**) — Liasse, 110 pièces *numérotées* de 25 à 134.

1790 — an VIII. — Administration militaire. — (25) Protestation contre l'envoi d'un commandant pour établissement d'un camp volant (16 mars 1790). — (26) Autre protestation au même sujet (19 mars). — (27) Mémoires de la municipalité de St-Malo, relatifs à ses droits de posséder les clefs de la ville et de donner des ordres à la garde nationale (2 cahiers et 2 pièces), (août 1790). — (28) Contraventions pour détention de munitions et armes de guerre par le sieur Baude[1] (octobre à décembre 1792). — (29) Dépôt de pièces de procédure de la commission militaire (10 juillet 1792).— (30) Délibération du Conseil municipal provoquant une souscription en faveur des familles des volontaires (1er décembre 1792). — (31) Sept lettres relatives à des canons donnés par Duguay-Trouin (décembre 1792). — (32) Tableau des militaires retraités pour blessures (1792). — (33) Traité d'artifices de guerre (1792). — (34) Mémoires de travaux aux casernes (1792-1793). — (35) Instructions au sujet de l'habillement et campement (17 mars 1793). — (36) Reçu concernant des travaux exécutés à la caserne (? se reporter au n° 34), (6 avril 1793). — (37) Reçu d'appointements du gardien de la caserne Saint-Thomas (29 mai 1793). — (38) Etat des souliers fournis au détachement envoyé à Château-Richeux (1793). — (39) Honneurs militaires à rendre aux corps municipaux (24 juillet 1793). — (40) Autographe du général Kellerman : attestation en faveur du comte Carcaradec (17 septembre 1793). — (41) Lettre au sujet des fortifications (signatures de Saint-Just, Carnot et Prieur (de la Marne) (20 septembre 1793). — (42) Pièces relatives à la force départementale organisée pour marcher sur Paris (attaque de la Convention) (1793). — (43) Documents relatifs à des fournitures militaires (an II). — (44) Réquisition pour 300 tonneaux de froment (6 frimaire an II). — (45) Proclamation du représentant Tréhouart, au sujet d'une commission de répartition de secours aux militaires (9 frimaire an II). — (46) Rapport sur le salpêtre par Prieur, député (14 frimaire an II). — (47) Réquisition de fers (25 brumaire an II). — (48) Arrêt du citoyen Jeanbon Saint-André (autographe) qui ordonne l'établissement d'une commission militaire à Saint-Malo pour juger dans les vingt-quatre heures (27 brumaire an II). — (49) Réquisition de deux cent mille couvertures (an II). — (50) Quarante-quatre pièces, jugements de la commission militaire (1793-1794)[2]. — (51) Réquisition de souliers pour la garde nationale (30 vendémiaire an II). — (52) Réquisition de cordonniers (30 vendémiaire an II). — (53) Réquisition d'effets pour les troupes (10 brumaire an IV). — (54) Ordre de faire porter des vivres au Talard pour huit rebelles malades (26 brumaire an II). — (55) Transport de prisonniers malades (26 brumaire an II). — (56) Six Vendéens fusillés au Talard (10 nivôse an II)[1]. — (57) Douze Vendéens fusillés sur la grève (12 nivôse)[2]. — (58) Compte des souliers fournis aux troupes par les cordonniers de Saint-Malo (23 nivôse). — (59) Instruction pour l'inspection des hôpitaux militaires (23 nivôse). — (60) Etat des assignats et billets de confiance saisis par la commission militaire (25 nivôse). — (61) Réquisition des draps (29 nivôse). — (62) Bon de paiement pour transport de fourrages militaires (an II). — (63) Lettre de Paré, ministre de l'intérieur, relative aux pensions militaires (1er pluviôse an II). — (64) Allocation de 1700 livres par la commission militaire (6 pluviôse). — (65) Réquisition pour deux chevaux (1er ventôse). — (66) Ordre de remettre tous les fusils (21 ventôse). — (67) Réquisition pour occupation de l'ex-cathédrale comme magasin à fourrages (4 ventôse an II). — (68) Circulaire du Ministre de l'Intérieur relative aux secours aux familles des défenseurs de la patrie (4 ventôse). — (69) Création d'un magasin militaire (13 ventôse). — (70) Réquisition des cuivres œuvrés ou non dans la commune de Port-Malo (22 ventôse). — (71) Election du citoyen Rivière, membre de la commission militaire (29 ventôse). — (72) Extension des pouvoirs donnés à la commission militaire (1er germinal an II). — (73) Lettre des Dolois se plaignant de la disparition d'une chaudière destinée à la fabrication du salpêtre (5 germinal an II). — (74) Nomination du citoyen Wolf comme membre de la commission militaire, en remplacement du citoyen Buvry (18 germinal an II). — (75) Lettre du sous-directeur d'artillerie, au sujet d'un vol de poudre dans la chapelle du château (21 germinal an II). — (76) Jugements rendus par la commission militaire de Port-Malo (21 germinal)[3]. — (77) Réquisition de cochons (5 floréal supposé an II). — (78) Réquisition des agents employés aux subsistances et dans les hôpitaux militaires (11 floréal an II). — (79) Création d'une école de fabrication du salpêtre (13 floréal). — (80) Délibération du comité de salut public, au sujet de la subsistance des armées (16 floréal). — (81) Nomination du citoyen Regnier comme membre de la commission militaire (24 floréal). — (82) Procès-verbal de préhension de lits chez les détenus, dans les maisons d'arrêt (28 floréal). — (83) Réquisition des fers, etc., provenant des églises

(1) Baude de la Vieuville.

(2) Publiés en brochure par H. Harvut en 1907 (imp. Le Lagadec, Saint-Malo).

(1) Publiée dans la brochure sus relatée.

(2) Id. Id.

(3) Publié par H. Harvut, broch., imp. Le Lagadec, 1907.

(24 prairial an II). — (84) Lettre prescrivant la remise de vieux canons (5 messidor an II). — (85) Lettre des administrateurs du district de Port-Malo, relative aux approvisionnements de fourrages (14 messidor). — (86) Contingent de cochons à fournir par les communes (14 messidor). — (87) Inventaire de pièces de procédure militaire (18 messidor). — (88) Lettre des administrateurs montagnards révolutionnaires du district de Port-Malo, relative à la distribution de secours aux familles des défenseurs de la patrie (16 thermidor an II). — (89) Réquisition des parchemins, papiers forts et autres pour faire des gargousses (17 thermidor). — (90) Lettre recommandant l'école nationale militaire dite *Ecole des Enfants de l'Armée* (24 thermidor). — (91) Etat des fers provenant des balcons, grilles, etc. des citoyens de Port-Malo et Port-Solidor (24 thermidor). — (92) Lettre relative aux cuirs (2e sans culottide an II). — (93) Lettre de Rolland, membre de la commission des secours publics, relative à la pension des invalides (4e s. c. an II). — (94) Instructions relatives aux secours aux familles des militaires (11 fructidor an II). — (95) Avis de faire mettre les forts en état pour se défendre contre les entreprises des Anglais (19 fructidor). — (96) Lettre du district au sujet de la nécessité de l'approvisionnement de la place (19 fructidor). — (97) Fixation des rations des chevaux (26 fructidor). — (98) Recensement des chevaux (fructidor an II). — (99) Lettre de la commission des secours publics au sujet des secours aux blessés (28 fructidor). — (100) Dépenses pour la défense de la colonie de la Martinique (an II). — (101) Marchandises anglaises saisies (2e s. c. an II). — (102) Accusé de réception de divers jugements rendus par la commission militaire (an II). — (103) Pièces diverses relatives aux secours alloués aux défenseurs de la patrie (an II). — (104) Pièces relatives à des réquisitions de denrées (an II). — (105) Liasse de reçus de chaussures pour la troupe (an II). — (106) Liasse de pièces concernant l'administration de l'habillement et équipement des troupes (an II et an III). — (107) Fournitures de pierres à fusil (an III). — (108) Règlement sur le service des subsistances militaires (25 vendémiaire an III). — (109) Etat des sommes payées aux déportés des îles d'Amérique (frimaire à pluviose an III). — (110) Enregistrement des dépôts d'armes faits à la municipalité de Port-Malo (21 germinal au 1er prairial an III). — (111) Règlement du service militaire à Port-Malo (8 floréal an III). — (112) Etat des pierres à fusil chez les dépositaires (ventôse an III). — (113) Provisions et subsistances accordées aux soldats gravement mutilés (an III). — (114) Secours aux familles des soldats morts pour la patrie (an III). — (115) Bordereau de prix des ouvrages de fortifications (an III). — (116) Rôle de paiement des secours aux parents des défenseurs de la patrie (an III). — (117) Recensement de voitures (an III). — (118) Levée de l'état de siège à Port-Malo (22 thermidor an IV). — (119) Etat des secours aux familles des blessés et défenseurs de la patrie (an IV). — (120) Liasse de réquisitions de canons, lits pour les casernes, vieux plomb, fer, etc. (1793-1796). — (121) Etat des militaires pensionnés (9 floréal an V). — (122) Instructions relatives aux grains et fourrages (27 fructidor an V). — (123) Lettre et circulaire relatives aux secours à accorder aux veuves des défenseurs de la patrie (3 pluviôse an VI). — (124) Inventaire des registres et papiers de la ci-devant commission militaire (7 prairial an VI). — (125) Lettre de Bernadotte relative à une pension militaire (19 messidor an VII). — (126) Recherche du salpêtre dans les caves des émigrés (prairial an VII) (?). — (127) Règlement de Port-Malo en état de siège (an VII). — (128) Solde de l'armée et de la marine (1795 à 1800). — (129) Proclamation du général Brune relative à l'épithète de « chouan » et arrêté prescrivant le dépôt des armes dans les mairies (11-12 ventôse an VIII). — (130) Demande d'acquits à caution pour le transport des vivres (an VIII). — (131) Permis de transport de farine à Brest (an VIII). — (132) Bons de réquisition de 61 boucaux d'avoine (14 frimaire an VIII). — (133) Réquisition du général Labarolière (17 pluviôse an VIII). — (134) Autorisation de délivrance d'acquits à caution (an VIII).

LL. 89. **(H. 4.)** — Liasse, 24 pièces numérotées de 135 à 158.

1791 — an VIII. — Garde nationale, etc. — (135) Demande de la milice bourgeoise à l'Assemblée Nationale d'être admise, comme par le passé, à la faveur de monter la garde dans l'enceinte des murs de la ville (2 août 1791). — (136) Garde de la ville (26 juillet 1791). — (137) Proclamation de la Convention nationale aux armées (19 octobre 1792). — (138) Proclamation du Conseil général d'Ille-et-Vilaine au sujet des victoires françaises en Suisse (21 octobre 1792). — (139) Requête de la garde nationale malouine pour aller à Machecoul (27 avril 1793). — (140) Pièces diverses concernant la garde nationale (1793). — (141) Pompe à incendie et pompiers (1793). — (142) Etat des fournitures que se sont faites les volontaires de la garde nationale (présumé an II). — (143) Instructions sur le service de la garde nationale (27 brumaire an II). — (144) Arrêté exemptant du service de la garde nationale les ouvriers occupés à la construction des frégates (27 brumaire).— (145) Décret de la Convention nationale relatif aux poudres et salpêtres (1er vendémiaire an II). — (146) Organisation de la garde nationale (28 prairial an II). — (147) Rapport sur l'état de la garde nationale (19 ventôse an III). — (148) Colonne mobile de la garde nationale (4 messidor an V).— (149) Tableau de la colonne mobile de la garde nationale (8 messidor an V). — (150) Procès-verbal de constitution du corps d'officiers de la garde nationale (prairial an VI). — (151) Tableau de la colonne mobile de la garde nationale (original) (15 messidor an VI). — (152) Tableau de la colonne mobile de la garde nationale (copie) (15 messidor an VI). — (153) Tableau de la colonne mobile de la garde nationale (14 floréal an VII). — (154) Démission du chef de la musique de la garde nationale (15 thermidor an (VII) (1). — (155) Réquisition des gardes nationales (22 messidor an VII). — (156) Livret destiné à l'inscription des sommes payées à la garde nationale sédentaire (17 fructidor an VII). — (157) Liste des plantons mis à la garde de la caisse (an VIII). — (158) Liasse de bons de caisse (dates diverses).

LL. 90. (**H. 5**). — Liasse, 8 pièces, numérotées de 159 à 166.

1790-1791. — Dossier relatif à la mort d'André Désilles (2). — (159) Lettre de Hœner, imprimeur du roi à Nancy, décrivant l'action généreuse de André Désilles (7 octobre 1790). — (160) Lettre du Directoire de Nancy donnant des nouvelles de André Désilles, qui survécut quelque temps à ses blessures (15 octobre 1790). — (161) Lettre de la municipalité de Nancy annonçant aux Malouins la perte qu'ils venaient de faire en la personne de leur compatriote André Désilles (25 octobre 1790). — (162) Lettre de M. Hugon père, au sujet de l'action honorable d'André Désilles (1er novembre 1790). — (163) Lettre de Martit, sculpteur du prince de Condé, proposant à la ville un bas-relief en cire reproduisant l'action héroïque de Désilles (11 janvier 1791). — (164) Lettre de Palloy, patriote, annonçant l'envoi d'une pierre provenant de la Bastille, sur laquelle il a gravé la lettre par lui écrite à la famille Désilles et l'épitaphe du monument élevé à Nancy, à la mémoire d'André Désilles (18 janvier 1791). — (165) Lettre de Le Barbier, peintre du roy, offrant à la ville de Saint-Malo, le buste de Désilles (11 mars 1791). — (166) Lettre de l'Assemblée provinciale de St-Domingue, annonçant l'envoi du procès-verbal d'inauguration d'un monument élevé à Désilles dans la ville du Cap (30 mai 1791).

(1) Publié par M. Harvut dans le journal *La Côte d'Emeraude*, 1906.

(2) Ces pièces ont été publiées par M. Harvut, dans *La Côte d'Emeraude*, en 1906. (Voir aussi LL. 37).

LL. 90 bis. (**H. 6.**) — Liasse, 2 pièces, numérotées de 167 à 168.

An III. — Dossier relatif aux faits d'armes de Delorme-Villedaulé (1). — (167) Relation des combats auxquels prit part la *Vestale*, commandée par Delorme-Villedaulé (ventôse an III). — (168) Arrêté de Le Tourneur, représentant du peuple, nommant Delorme-Villedaulé capitaine de vaisseau, en présence de l'ennemi, et copie d'une lettre du ministère la marine à ce sujet.

(1) Publié dans *Le Petit Journal Militaire*, en 1907, par M. Harvut.

Série I

POLICE

LL. 91. (**I. 1.**) — Liasse, 16 pièces numérotées de 1 à 16.

1790 — an V. — Police locale. — Vols. — (1) Procès-verbal relatif à un vol commis chez le fermier du Lupin (31 juillet 1790). — (2) Procédure au sujet d'effraction et de vol dans l'église de Lanhélin (19 mai 1792). — (3) Procès-verbal au sujet d'un vol commis dans l'église de Chateauneuf (20 mai 1792). — (4) Procès-verbal relatif à l'effraction et vol dans l'église de Tressé (10 juillet 1792). — (5) Vol d'une croix d'argent dans l'église de Saint-Servan (23 juillet 1792). — (6) Procès-verbal de descente au sujet d'un vol dans l'église de Bonnaban (31 juillet 1792). — (7) Pièce relative au vol dans l'église de Bonnaban (24 août 1792). — (8) Procès-verbal concernant un vol dans l'église de Pleugueneuf (Pleugueneuc) (28 août 1792). — (9) Vol à l'église de Plumieux (1er mars 1792). — (10) Vol chez le citoyen Moulin (22 ventôse an III). — (11) Déclaration de perte d'un portefeuille par le sieur *Hello* ; ce portefeuille contenait, entr'autres, un portrait de *Grandclos Meslé* (28 ventôse an III). — (12) Pièces de procédure au sujet d'un vol d'objets religieux (27 ventôse an III). — (13) Plainte de la citoyenne Garnier du Fougeray, née Drake, au sujet de vexations et vols (15 prairial an III). — (14) Vols dans un chantier (10 thermidor an III). — (15) Vol à bord d'un navire anglais (27 brumaire an V). — (16) Liasse du 16 pièces de procédure concernant divers vols (an IV).

LL. 92. (**I. 2.**) — Liasse, 4 pièces numérotées de 17 à 20.

An VII - an VIII. — Incendies. — (17) Rapport relatif à un incendie (sans date). — (18) Incendie d'une partie de la tarerie d'une corderie au port Saint-Père en Saint-Servan (29 vendémiaire an VII). — (19) Félicitations aux habitants de Port-Malo et Saint-Servan à l'occasion de l'incendie de la *maison Dubois* (19 frimaire an VIII). — (20) Documents relatifs à l'incendie du 1er juillet 1792, rue des Cochons à Saint-Malo.

LL. 93. (**I. 3.**) — Liasse, 18 pièces, numérotées de 21 à 38.

1790 — an IV. — Procès-verbaux divers. — (21) Plainte du sieur Thomas l'aîné, à la municipalité, contre un sieur du Temple qui s'est livré sur lui à des voies de fait (6 juin 1790). — (22) Rapport sur un accident causé par une charrette (19 juillet 1792). — (23) Procédure au sujet d'un accident (27 juillet 1792). — (24) Procédure relative à une rixe chez des filles, où des militaires furent blessés (26 novembre 1792). — (25) Procédure d'une veuve Legentil pour loyers (27 avril 1793). — (26) Procès-verbal d'arrestation d'une fille accusée d'infanticide (30 brumaire an II). — (27) Rapport de police (25 nivôse an II). — (28) Procès-verbal de dégustation de vins par des experts désignés par le Conseil général de Port-Malo (2e sans culottide an II). — (29) Suicide d'un sieur Amy, commissaire national du District de Port-Malo (12 messidor an III). — (30) Affaire Néel contre Coupard pour injures (27 fructidor an III). — (31) Procès-verbal au sujet d'un militaire tué au Talard (23 germinal an IV). — (32) Procès-verbal de levée d'un cadavre (12 floréal an IV). — (33) Lettre relative à un assassinat commis par un militaire (26 floréal an IV). — (34) Plainte au sujet d'une fille de mœurs légères (29 messidor an IV). — (35) Pièces relatives à un assassinat route de Paramé (germinal an V). — (36) Procès-verbal de la déclaration faite par une fille qu'elle était enceinte (24 frimaire an V). — (37) Procès-verbal d'autopsie d'un sieur Diot, mort d'aploplexie (14-15 prairial an V). — (38) Plainte au sujet d'une violation de domicile (26 fructidor an VI).

LL. 94. (I. 4.) — Liasse, 5 pièces, numérotées de 39 à 43.

An III — an IV. — Noyés. — (39) Procès-verbal de découverte de deux noyés (9 messidor an III). — (40) Procès-verbal de découverte d'un noyé (24 fructidor an III). — (41) Procès-verbal relatif à un noyé (floréal an IV). — (42) Procès-verbal concernant un noyé (16 prairial an IV). — (43) Procès-verbal au sujet de la découverte d'un noyé (messidor an IV).

LL. 95. (I. 5.) — Liasse, 32 pièces, numérotées de 44 à 75.

1792 — an IX. — Fêtes publiques. — (44) Ordre de faire conduire deux canons au camp de la Fédération (11 juillet 1792). — (45) Engagement pris par trois musiciens de Port-Malo d'assister, avec leurs instruments, à toutes les fêtes nationales, moyennant un traitement de 200 fr. par an (18 prairial an II). — (46) Plan de la fête qui doit avoir lieu à Port-Malo le 20 prairial an II, en l'honneur de l'Etre suprême (prairial an II). — (47) Fête anniversaire du 9 thermidor (chute de Robespierre) (8 thermidor an III). — (48) Célébration de l'anniversaire de la mort de Louis XVI, dernier roi de France (8 pluviôse an IV). — (49) Programme de fête militaire et publique à l'occasion de l'anniversaire de la mort de Louis XVI (9 pluviôse an IV). — (50) Arrêté prescrivant une fête de la jeunesse (9 germinal an IV). — (51) Lettre des membres de la société philarmonique de Port-Malo au sujet du concours qu'elle prête à la fête du 9 thermidor (9 thermidor an IV). — (52) Plainte contre les musiciens de la comédie qui n'ont point fait entendre d'airs républicains (12 fructidor an IV). — (53) Plan de la fête à organiser à l'occasion de la paix continentale (19 nivôse an VI). — (54) Banquet civique (1er pluviôse an VI). — (55) Circulaire relative à la « Fête des Epoux » qui doit être célébrée le 10 floréal de chaque année (28 germinal an VI). — (56) Circulaire relative aux fêtes nationales (3 prairial an VI). — (57) Circulaire relative aux fêtes publiques (11 fructidor an VI). — (58) Programme de la fête de la fondation de la République (1er vendémiaire an VII). — (59) Construction du temple décadaire à St-Servan (25 vendémiaire an VII). — (60) Etat des matériaux fournis par le génie pour la construction de l'autel de la patrie (15 germinal an VII). — (61) Programme de la fête funèbre à l'occasion de l'assassinat des ministres français à Rastadt (an VII). — (62) Programme de la fête de la souveraineté nationale (24 ventôse an VII). — (63) Circulaire relative à la fête de la jeunesse (29 ventôse an VII). — (64) Programme de la fête de plantation d'un arbre de la liberté dans le port de Solidor (2 pluviôse an VII). — (65) Programme de la fête du 2 pluviôse an VII. — (66) Programme de la fête des Epoux (8 floréal an VII). — (67) Règlement pour l'observation du repos pendant les fêtes nationales (14 prairial an VII). — (68) Circulaire relative à la célébration des fêtes patriotiques (30 prairial an VII). — (69) Constatation du peu de zèle des citoyens à prendre les armes à l'occasion des fêtes nationales (11 messidor an VII). — (70) Proclamation de la municipalité de Port-Malo au sujet de la fête du 14 juillet (25 messidor an VII). — (71) Circulaire relative à la fête de la Liberté (1er thermidor an VII). — (72) Lettre au sujet d'une demande de fer pour construction de la rampe de l'autel de la Patrie (15 thermidor an VII). — (73) Lettre relative à la célébration des fêtes nationales (11 fructidor an VII). — (74) Refus du juge de paix de prononcer un discours à la fête du 18 fructidor (17 fructidor an VII). — (75) Circulaire relative à la fête nationale (messidor an IX).

LL. 96. (I. 6.) — Liasse, 16 pièces, numérotées de 76 à 91.

1791 — an VIII. — Voirie. — (76) Ferme de l'entretien et de la propreté de la place Saint-Thomas et de l'enceinte des murs (21 novembre 1791). — (77) Reçus pour les appointements des balayeuses et autres (1793). — (78) Reçu pour la vidange des latrines du jardin Saint-Thomas (4 juin 1793). — (79) Adjudication du service d'enlèvement des boues et immondices (10 pluviôse an II). — (80) Bail de l'enlèvement des boues et immondices (10 pluviôse an II). — (81) Procès-verbal pour défaut de balayage (6 germinal an II). — (82) Procès-verbal de visite et inspection des boulangeries (an II). — (83) Création de deux postes pour interdire l'accès des vieux murs, devenus réceptacles d'ordures (13 floréal an II). — (84) Lettre du district pour la répression de la maraude (23 thermidor an II). — (85) Adjudication du service d'enlèvement des boues (an IV). — (86) Règlement de police pour le balayage (11 germinal an V). — (87) Plainte au sujet d'un vol chez la citoyenne Chantelou (19 fructidor an V). — (88) Arrêtés fixant les foires et marchés d'Ille-et-Vilaine (12 thermidor an VI). — (89) Lettre relative à la mutilation des arbres de la Liberté (26 prairial an VII). — (90) Mémoire des dépenses relatives à la grille de l'arbre de la Liberté (an VII). — (91) Requête d'une veuve Dubois dont la maison a été détruite par un incendie, au Talard (21 ventôse an VIII).

LL. 97 (**I. 7.**) — Liasse, 14 pièces, numérotées de 92 à 105.

1789 — **an VII.** — Police générale. — (92) Pièce relative à une conspiration contre les ports français (5 avril 1789). — (93) Découverte d'un complot pour s'emparer du château de St-Malo (23 juillet 1792). — (94) Arrêté prescrivant des visites domiciliaires en raison de la conspiration du 21 messidor contre la sûreté de la ville (22 messidor an III). — (95) Lettre relative à la conspiration de messidor (thermidor an III). — (96) Lettre relative à la conspiration du 21 messidor an III (19 vendémiaire an IV). — (97) Lettre relative à la conspiration de messidor (25 brumaire an IV). — (98) Enquête au sujet d'américains distribuant de l'argent et racolant (8 frimaire an IV). — (99) Documents relatifs à l'incarcération d'une demoiselle Michel, accusée de conspiration (ventôse an IV). — (100) Lettre relative à la conspiration de messidor an III (19 messidor an IV). — (101) Certificat de dépôt et d'écrou des complices de la conspiration du 20 messidor an III menaçant la sûreté de Port-Malo (2 fructidor an IV). — (102) Lettre dénonçant un complot contre la sûreté des ports de Saint-Malo et Saint-Servan (25 fructidor an VI). — (103) Recherche au sujet d'un complot tendant à incendier le port (5 vendémiaire an VII). — (104) Lettre du directeur des fortifications relative aux complots contre les ports de Saint-Malo et Saint-Servan (21 vendémiaire an VII). — (105) Lettre relative au complot contre les ports de Saint-Malo et Saint-Servan (25 vendémiaire an VII).

LL. 98. (**I. 8.**) — Liasse, 15 pièces, numérotées de 106 à 120.

1792 — **an III.** — (106) Avis que la peste est à Alger, précautions à prendre à ce sujet (4 messidor an III). — (107) Nomination des juges du tribunal du district de Port-Malo (4 décembre 1792). — (108) Arrêt relatif à la capacité des juges en cas d'affaires de déportation (19 mars 1793). — (109) Commissions de surveillance (20 mars 1793). — (110) Injonction à la la commission militaire d'avoir à juger les brigands (9 nivôse an II). (111) Arrêté fixant les audiences du district (21 nivôse an II). — (112) Arrêté concernant le comité de surveillance (6 pluviôse an II). — (113) Ordonnance de perquisition signée de Le Carpentier (6 pluviôse an II). — (114) Révocation du juge de paix et nomination de son successeur (arrêté de Le Carpentier), (6 pluviôse an II). (115) Nomination des membres du tribunal de conciliation (6 pluviôse an II). — (116) Nomination de juges du district (12 pluviôse an II). — (117) Arrêté relatif aux membres de la commission militaire (26 pluviôse an II). — (118) Jugement en diffamation contre le sieur Mahé (29 fructidor an II). — (119) Récusation du Juge de Paix au sujet d'une dénonciation contre un sieur Moulin, ex-maire de Port-Malo (14 prairial an III). — (120) Lettre de l'administration de Saint-Servan protestant contre l'usage de la variolisation (vaccination) (an III ?).

LL. 99. (**I. 9.**) — Liasse, 58 pièces, numérotées de 121 à 178.

1791 — **an VII.** — Surveillance. — (121) Plainte contre un tambour de la compagnie de Medrano (sans date). — (122) Abolition de la confrérie des cordonniers (1791). — (123) Délibération prise par les « Amis de la Constitution » réclamant la destruction des blasons existant sur les propriétés (31 janvier 1791). — (124) Lettre d'un sieur Engerrand pour obtenir un passeport (16 janvier 1792). — (125) Lettre de M. Bodinier, prêtre, pour demander à la municipalité un délai de 15 jours à son émigration (7 janvier 1792). — (126) Lettre de l'administration du directoire pour défendre de donner des passeports aux prêtres réfractaires (24 avril 1792). — (127) Lettre du maire de Pouancé au sujet de faux certificats de résidence fabriqués au profit du ci-devant Saget de la Jonchère (16 juin 1792). — (128) Lettre de M. Le Saout pour demander un passeport à la municipalité (25 juin 1792). — (129) Arrêté du directoire du département d'Ille-et-Vilaine relatif aux poursuites à exercer à l'égard des prêtres non assermentés (28 juin 1792). — (130) Lettre des administrateurs du directoire du Morbihan relative à l'arrestation de quatre déserteurs engagés par un sieur Mirabeau (19 juillet 1792). — (131) Lettre pour faire procéder aux visites domiciliaires (5 septembre 1792). — (132) Cahier des personnes qui ont été exemptées de l'exécution de l'arrêté du Conseil général du 19 juillet 1792 (septembre 1792). — (133) Certificat de civisme aux pêcheurs et bateliers (26 février 1793). — (134) Refus de quelques conseillers de reconnaître le comité central (19 juillet 1793). — (135) Réclamation formulée par un individu considéré comme suspect (30 août 1793). — (136) Demande de certificat de civisme par l'ordonnateur de la mairie de Saint-Malo (10 septembre 1793). — (137) Certificat de civisme de Gilles Baudouin (18 septembre 1793). — (138) Certificat de civisme de Jean Garnier

(19 septembre 1793). — (139) Lettre de M. Deraime, ordonnateur de la marine, pour demander un certificat de civisme (2 octobre 1793). — (140) Réquisition par les représentants du peuple de Brest et de Lorient, aux juges du district de Saint-Malo, de recevoir des dépositions au sujet de la propriété d'objets appartenant à un sieur Moreau fusillé à Châteauneuf (7 frimaire an II). — (141) Lettre des administrateurs du district de Montglône (St-Florent), relative à des jugements rendus contre des rebelles (4 pluviôse an II). — (142) Plainte au sujet des cartes à jouer conservant des dénominations anti-républicaines (ventôse an II). — (143) Demande de renseignements sur la frégate *La Carmagnole* entrée dans le port de St-Malo chargée de riz (5 ventôse an II). — (144) Surveillance des pêcheurs soupçonnés de faciliter l'invasion des contre-révolutionnaires (6 ventôse an II). — (145) Lettre des administrateurs de l'enregistrement des domaines nationaux, pour l'envoi en possession des biens d'un condamné (16 ventôse an II). — (146) Publication du décret relatif à l'interdiction aux étrangers de séjourner en France sans déclaration préalable (5 floréal an II). — (147) Lettre relative à des condamnations à mort pour avoir fait partie des brigands de la Vendée (11 floréal an II). — (148) Potier de la Houssaye, Frostin, La Noë et autres prêtres, dénoncés comme exerçant leur religion dans des chambres à Saint-Malo (24 prairial an II). — (149) Lettre relative à l'exercice du culte dans les maisons particulières (2 messidor an II). — (150) Fixation de la journée de travail (24 messidor an II). — (151) Injonction d'avoir à faire disparaître les emblèmes de la royauté existant sur les édifices publics (27 messidor an II). — (152) Réclamation d'un sieur Duchêne (14 thermidor an II). — (153) Réquisition de chevaux (an III). — (154) Mémoire des frais occasionnés par les travaux de destruction des emblèmes féodaux et religieux sur les édifices publics (6 brumaire an III). — (155) Amnistie promise aux rebelles (23 frimaire an III). — (156) Lettre relative à la surveillance à exercer sur l'exportation de denrées (17 nivôse an III). — (157) Lettres relatives à la surveillance à exercer sur le personnel (24 nivôse an III). — (158) Lettre de Renoul, agent national, relative à l'interdiction de toute affiliation à quelque société que ce soit (24 pluviôse an III). — (159) Lettre au sujet d'un certificat de civisme (2 germinal an III). — (160) Lettre du district recommandant de surveiller les marchands ambulants (17 germinal an III). — (161) Requête du sieur Gorel Grandrivière (13 germinal an III). — (162) Circulaire demandant un dépositaire, de préférence un journaliste, pour la vente d'une pommade contre la gale (30 prairial an III)[1]. — (163) Requêtes en faveur d'un sieur Denizot, désarmé comme dénonciateur (1er thermidor an III). — (164) Arrêté décidant que le sieur Teulon sera réarmé (7 thermidor an III). — (165) Copie d'une lettre relative à la surveillance à exercer sur les voyageurs (29 vendémiaire an IV). — (166) Inventaire du mobilier du bureau des messageries de la ci-devant Bretagne (19 nivôse an IV). — (167) Règlement de police et de sûreté des places de la région de l'ouest (1er pluviôse an IV). — (168) Serment de Lemoine, préposé des douanes, (attachement à la République et haine éternelle à la royauté) (8 pluviôse an IV). — (169) Dénonciation du sieur Demaison par un sieur Le Deuc (21 pluviôse an IV). — (170) Suspension d'un juge du tribunal de cassation (an IV). — (171) Rétractation d'un ex-curé (3 brumaire an V). — (172) Instruction relative au séjour des étrangers (12 thermidor an V). — (173) Circulaire sur la police générale (3 vendémiaire an VI). — (174) Instruction pour la répression du brigandage (13 frimaire an VI). — (175) Déclaration de constitution d'une société politique (17 frimaire an VI). — (176) Circulaire concernant la surveillance des étrangers (5 prairial an VI). — (177) Etat (néant) des citoyens auxquels a été refusée l'inscription civique (30 ventôse an VII). — (178) Instructions relatives à la surveillance générale (6 prairial an VII).

LL. 100. (I. 10.) — Liasse de 23 plis, numérotés de 179 à 201.

1792 — an III. — Procédures diverses, enquêtes, procès-verbaux, oppositions et mains levées de scellés, etc.

LL. 101. (I. 11.) — Liasse, 52 plis, numérotés de 202 à 253.

1792 — an VII. — (202) Procédure contre un sieur Lissillour au sujet de troubles pendant une procession religieuse, 2 pièces (avril 1792). — (203) Citation des officiers municipaux de Paramé devant le tribunal du district, relativement à l'inhumation d'un enfant, sans la participation du curé constitutionnel de St-Malo (2 mai 1792). — (204) Lettre traitant plusieurs questions de droit en matière de justice de paix (26 mai 1792). — (205) Dossier d'arrestation d'un sieur Sévrin qui avait injurié la patrouille (juin 1792). — (206) Deux exemplaires manuscrits du procès-verbal des faits qui se

(1) Pièce publiée dans « La Côte d'Emeraude », par Harvut, en 1907.

sont passés en la chapelle de l'hôpital général les 8, 9, 10 et 11 juin 1792 (octave de la Fête-Dieu) [1] (12 juin 1792). — (207) Visites domiciliaires chez des individus suspects de St-Coulomb (dont Désilles à la Fosse Hingant),et mutilation d'armoiries chez un sieur Poideloup (7 septembre 1792). — (208) Interrogatoire de Pierre Girault, de St-Coulomb, accusé d'avoir enrôlé des jeunes gens pour les émigrés (26 septembre 1792). — (209) Procès-verbal relatif à l'arrestation d'un sieur Twyman, soupçonné d'espionnage (3 octobre 1792). — (210) Procès-verbal d'expulsion de plusieurs prêtres (20 décembre 1792). — (211) Jugement du tribunal criminel, condamnant le nommé Henry, convaincu d'avoir fait un traité portant obligation de favoriser l'émigration et l'exportation du numéraire à l'étranger, à déposer au greffe une somme de 300 livres (15 février 1793). — (212) Documents relatifs aux perquisitions faites à la Fosse Ingant (*sic*) pour découvrir les papiers de La Rouërie (mars 1793). — (213) Procès-verbal d'apposition de scellés chez un sieur Touzey (9 mars 1793). — (214) Dossier de l'affaire Proust contre les frères Desmaisons, pour violences (1793). — (215) Dossier relatif à l'arrestation d'un sieur Pierre Le Gallais, de Château-Malo, pour avoir crié « vive le roi » en pleine assemblée primaire, au lieu de « vive la nation » [2] (21 juillet 1793). — (216) Acquittement de Louis Nicolas, Thomazeau Jean et Toussaint Briot, détenus à Ste-Pélagie (25 juillet 1793). — (217) Individu arrêté pour avoir crié « vive le roi » et déclaré non coupable par le jury (voir plus haut pièce 215) (8 août 1793). — (218) Divers mandats d'arrêt et d'amener (an II). — (219) Procès-verbal de transport d'un prisonnier malade à l'hospice (25 nivôse an II). — (220) Accusé de réception d'un jugement concernant le sieur Jacques-René Paillon (1er pluviôse an II). — (221) Réception d'un jugement contre Pajaud (21 pluviôse an II). — (222) Mise en arrestation des sœurs de l'hôpital général (23 pluviôse an II). — (223) Dossier et jugement de condamnation du sieur Jean-Louis Maudion, pour menaces d'homicide (ventôse an II). — (224) Procès-verbal contre le citoyen Le Nouvel qui a acheté une barrique de cidre à un prix excédant le maximum (3 ventôse an II). — (225) Citation à comparaître aux citoyens Salmon et Le Nouvel, faisant l'objet d'une dénonciation (4 ventôse an II). — (226) Avis de saisie de marchandises (23 ventôse an II). — (227) Visite de police à l'hôpital général (2 germinal an II). — (228) Mise en arrestation des économes et autres employées de l'hospice de santé (13 germinal an II). — (229) Mandat d'arrêt contre Baude de la Vieuville, marquis de Châteauneuf [1] (7 floréal an II). — (230) Apposition de scellés chez le citoyen Hersan à Saint-Coulomb (25 messidor an II). — (231) Jugement contre un sieur Mahé, auteur d'écrits calomnieux et dossier y relatif (12 pièces se composant de lettres et pétitions dudit Mahé, professeur d'accouchement, pièces de procédure relatives à l'incarcération, etc.) (29 fructidor an II à l'an IV). — (232) Liste d'objets saisis et déposés à la commune (an III). — (233) Pièces de procédure, interrogatoires de déserteurs anglais, etc. (an III). — (234) Procès-verbal d'enquête à l'hôpital général au sujet d'injures proférées par le meunier de l'établissement contre l'économe (13 brumaire an III). — (235) Enquête sur les agissements révolutionnaires d'un sieur Liot (six pièces) (1er ventôse an III). — (236) Procédure contre le sieur Liot, accusé de fomenter la révolte à Pleudihen (10 pièces) (22-25 ventôse an III). — (237) Procédure contre Elisabeth Armand, arrêtée et interrogée pour s'être habillée en volontaire et avoir voyagé en cette qualité (26 ventôse an III). — (238) Jugement contre une demoiselle Pleían (15 germinal an III). — (239) Interrogatoire et mise en état d'arrestation des sieurs Gaillard et Jean Rebout (16 germinal an III). — (240) Contravention et procédure contre un sieur Boucouet pour recel d'armes (5 pièces) (4 floréal an III). — (241) Evasion d'un détenu renfermé à l'hôpital général (8 floréal an III). — (242) Interrogatoire de trois Anglais (1er prairial an III). — (243) Interrogatoire de trois Anglais arrêtés (6 prairial an III). — (244) Interrogatoire d'un Anglais déserteur (11 prairial an III). — (245) Procès-verbal d'arrestation de six pêcheurs anglais (6 messidor an III). — (246) Mandat d'amener contre le sieur Cordon, menuisier près Ploubalay (30 messidor an III). — (247) Réquisition de visite domiciliaire chez la citoyenne Maréchal, qui a logé un canonnier embaucheur pour les chouans (7 fructidor an III). — (248) Interrogatoire d'un Anglais (21 fructidor an III). — (249) Procès-verbal d'interrogatoire au sujet de l'arrestation d'un chouan (24-27 vendémiaire an IV). — (250) Procès-verbal d'expertise à Languenan (5 floréal an V). — (251) Procès-verbal relatif à une soustraction de pain (10 nivôse an V). — (252) Curieuse pièce de procédure relative à des voies de fait dont aurait été victime un sieur Jean Bouillé, qui se rendait de Dinard chez le citoyen Hovius, son beau-frère, et qui aurait menacé de se défendre à coups de pistolet (30 fructidor an V). — (253) Procès-verbal de perquisition chez des Anglais suspects.

(1) Voir LL. 25, 14 juin 1792.

(2) Voir pièce n° 217.

(1) Voir LL. 102, pièce n° 291.

LL. 102. (I. 12.) — Liasse de 41 pièces, numérotées de 254 à 294.

1790 — an VII. — Police révolutionnaire, serments civiques, émigrés, prêtres réfractaires, etc. — (254) Procès-verbal d'inventaire des papiers de la veuve Vieux-Chatel (24 messidor an II). — (255) Signalement de marchands juifs mis en suspicion (25 mars 1790). — (256) Requête des religieux bénédictins pour obtenir main-levée de leurs effets (12 avril 1790). — (257) Refus du curé de lire au prône les mandements de l'Assemblée (13 mai 1790). — (258) Sommation à M. Le Maout, curé de St-Malo, d'avoir à lire au prône, un mandement de l'Assemblée Nationale touchant le traitement des religieux qui sortiraient du cloître (15 mai 1790). — (259) Les récollets de la communauté de St-François demandent autorisation de se réunir (20 décembre 1790). — (260) Requête des frères récollets de St-François pour obtenir main-levée (23 février 1791). — (261) Deux lettres de M. de Rozy pour obtenir un sursis à son expatriation et un certificat de bonne conduite (7-9 janvier 1792). — (262) Refus du serment civique par les sœurs de la Passion (5 juillet 1792). — (263) Refus du serment civique par les frères des écoles chrétiennes (6 juillet 1792). — (264) Certificat constatant que le sieur Gorel n'est point émigré (27 août 1792). — (265) Lettre de la municipalité de Granville annonçant l'arrestation de MM. Le Saout et Durand, prêtres de St-Malo (5 septembre 1792). — (266) Pli de 45 pièces : déclarations pour réintégration du territoire de la République et pièces à l'appui (27 novembre 1792). — (267) Prêtres non assermentés, dénoncés comme se trouvant à l'hôpital (1793). — (268) Arrestation de MM. Julien Margely et Jean Prual, prêtres, déportés (6 mars 1793). — (269) Réponse des administrateurs du district au sujet des prêtres non assermentés (18 septembre 1793). — (270) Demande d'expert pour expertiser les biens des émigrés (7 pluviôse an II). — (271) Ordre de Le Carpentier concernant les biens confisqués des Vendéens et autres, fusillés (26 pluviôse an II). — (272) Lettre relative à la main-levée de séquestration de biens d'émigrés et à la radiation de leurs noms (25 prairial an II). — (273) Déclaration de quelques émigrés (9 messidor an II). — (274) Lettre annonçant l'adjudication des biens des émigrés (17 messidor an II). — (275) Lettre relative à la surveillance à exercer à l'égard des étrangers (3 fructidor an II). — (276) Lettre au sujet de l'inventaire de l'argenterie des églises (12 vendémiaire an III). — (277) Etat des biens appartenant aux condamnés mis hors la loi (Port-Malo) (28 vendémiaire an III). — (278) Réclamation de la dame Gravé au sujet de la confiscation de son argenterie et de ses bijoux (2 ventôse an III). — (279) Pancarte relative aux créanciers des émigrés (9 ventôse an III). — (280) Réclamation de la citoyenne Vitel au sujet d'argent saisi (14 frimaire an IV). — (281) Lettre relative à la condamnation à mort et à l'exécution de Alexis Michot, prêtre (18 messidor an IV). — (282) Mesures prescrites relativement aux chouans (13 thermidor an IV). — (283) Instructions relatives aux émigrés (18 vendémiaire an V). — (284) Lettre relative aux secours aux réfugiés (6 frimaire an V). — (285) Avis de vente de sel provenant des salines de Port-Suliac (biens des émigrés Cheffontaines) (9 frimaire an V). — (286) Lettre réclamant la restitution de l'argenterie saisie chez les citoyens Magon la Blinays, Magon Coëtizac et Bodinier (21 nivôse an V). — (287) Réclamation de Gouyon de Beaufort des linges, draps, etc., confisqués au père des mineurs Gouyon Beaufort, supplicié (20 pluviôse an V). — (288) Réclamation de tableaux de famille par demoiselle Eon du Pouget (15 floréal an V). — (289) Liste des objets en or et argent saisis chez le sieur Bertin, de Paramé, supposé émigré (deux pièces) (19 prairial an V). — (290) Procédure relative à la succession Le Breton (13 fructidor an V). — (291) Ordre de rechercher les prêtres réfractaires et les émigrés (18 prairial an VI). — (292) Partage des biens des époux Hamon, Kervers-Duval, père et mère d'émigrés (29 frimaire an VII). — (293) Ordre de lever les scellés apposés sur une boutique renfermant des effets appartenant à l'émigré Rousselin (18 prairial an VII). — (294) Partage des biens de Baude de la Vieuville (voir mandat d'arrêt du 7 floréal an II concernant Baude de la Vieuville, ci-devant marquis de Châteauneuf (série I. 2.) (an VII).

LL. 103. (I. 13.) — Liasse, 47 pièces.

24-28 juin 1791. — Serments civiques des fonctionnaires et autorités du district, par suite de la fuite du roi.

LL. 103 bis. — Liasse de 3 cahiers.

An IV — an VI. — Cahiers de serments civiques.

LL. 104. (I. 14.) — Liasse, 14 plis, numérotés de 295 à 308.

An II — an IV. — (295) Délibération du Comité de surveillance de Paramé (an II). — (296) Notes de séances du Comité de surveillance de St-Coulomb (an II). — (297) Copies de lettres de la Commission exécutive de Saint-Malo à divers (brumaire an II). — (298) Lettre de la Société populaire de Paramé portant plainte contre un sieur Thébaut qui accapare le lard passant dans la commune (6 pluviôse an II). — (299) Délibérations du comité de surveillance de la commune de Cancale (du 8 brumaire an II au 3 vendémiaire an III). — (300) Lettre de l'administration de Port-Solidor concernant la levée des « Enfants des défenseurs de la Patrie » (26 thermidor an II). — (301) Suppression du comité révolutionnaire de Port-Malo et de Port-Solidor (28 ventôse an III). — (302) Etat des sommes provenant de l'ancien comité révolutionnaire de Port-Solidor (26 nivôse an III). — (303) Lettre de l'agent national du district relative à la surveillance à exercer sur les réunions de la société populaire (1). (27 ventôse an III). — (304) Mandat d'arrêt contre des membres du comité révolutionnaire de Port-Solidor (22 messidor an III). — (305) Procès-verbal de fermeture de la Société populaire (15 fructidor an III). — (306) Lettre relative à la situation de la Société populaire et tendant à sa suppression (27 fructidor an III). — (307) Inventaire des dettes de la Société populaire (24 brumaire an IV). — (308) Inventaire des objets mobiliers provenant de la Société populaire dissoute (4 frimaire an IV).

LL. 105. (**I. 15.**) — **Liasse contenant quatre passeports aux noms des sieurs Lebreton, Duclos, Payan et Roger, 1790-1791.**

LL. 106. (**I. 16.**) — Liasse, 17 plis et pièces numérotés de 309 à 325.

1792-an VIII. — (309) Liste d'émigrés (4 octobre 1792). — (310) Liste de tous les ecclésiastiques non assermentés, avec leur âge, lieu d'émigration, date des passeports, lieu d'origine et observations (26 janvier 1793). — (311) Liste de 15 individus dont les biens doivent être sequestrés (28 septembre 1793). — (312) Réclamation de la liste des émigrés, déportés et condamnés (21 pluviôse an II). — (313) Arrêté relatif aux créances sur les émigrés (3 ventôse an II). — (314) Liste des émigrés condamnés et déportés (an II). — (315) Liste des prêtres déportés dont les biens sont confisqués au profit de la République (8 floréal an II). — (316) Etat des biens et revenus des émigrés dans l'arrondissement de St-Malo (an II). — (317) Demande d'une liste des émigrés et déportés (15 thermidor an II). — (318) Quatre cahiers (numéros 2, 3, 4, 5) des sommes payées aux réfugiés et déportés (manque le cahier numéro 1) (an III). — (319) Indemnités aux déportés des colonies (1er frimaire an III). — (320) Circulaire prescrivant l'établissement d'une liste des émigrés (14 ventôse an III). — (321) Liste des réfugiés dans l'arrondissement de Port-Malo (1er floréal an IV). — (322) Etat des réfugiés ayant droit aux secours dans la commune de St-Malo (1er jour complémentaire an VI). — (323) Etat des réfugiés et déportés des colonies et pièces à l'appui (25 nivôse an VIII). — (324) Pli contenant diverses pièces relatives aux déportés des colonies françaises (St-Dominique) (1792 et suivantes). — (325) Deux états des Acadiens et Canadiens résidant à St-Malo (1792) (1).

(1) Voir délibérations de cette Société, série S., art. 10 et suivants. (H.)

LL. 107. (**I. 17.**) — Liasse, 8 pièces, numérotées de 326 à 333.

An II-an VI. — (326) Pensionnaires ecclésiastiques (an II). — (327) Pensionnaires ecclésiastiques (an IV). — (328) Pensionnaires ecclésiastiques (nivôse an IV). — (329) Envoi des états de pensions ecclésiastiques (15 ventôse an IV). — (330) Pensionnaires ecclésiastiques (germinal et messidor an IV). — (331) Pensionnaires ecclésiastiques (an V). — (332) Pensionnaires ecclésiastiques à St-Servan (fructidor an V). — (333) Tableau des pensionnaires ecclésiastiques (messidor an VI).

LL. 108. (**I. 18.**) — Liasse, 12 pièces, numérotées de 334 à 345.

1792-an IV. — Prisons, administration. — (334) Consigne de police du Château pendant le séjour des détenus (9 septembre 1792). — (335) Pli de 16 pièces relatives au transport des prisonniers à Rennes (mars-juin 1793). — (336) Liste des détenus mis en liberté (1793). — (337) Tableau des détenus dans la maison d'arrêt de Port-Malo (14 avril 1794). — (338) Etat des prisonniers *brigands* détenus au Château (6 prairial an II). — (339) Liste des détenus dans la commune de Port-Solidor (23 nivôse an III). — (340) Etat des sommes dûes pour les prisonniers *militaires* au concierge de la Tour Solidor et liste des prisonniers (ventôse an III). — (341) Etat des sommes dûes pour les prisonniers *marins* au concierge de Port-Solidor et liste des prisonniers (an III). — (342) Procès-verbal de destitution du concierge des prisons (an III). — (343) Réquisition au sujet de la révocation du concierge des prisons (24 messidor an III). — (344) Liste de détenus (16 thermidor an III). — (345) Feuillets de registre d'écrou (an IV).

(1) Publiés dans *La Côte d'Emeraude* le 22 juillet 1905 par H. Harvut.

LL. 109. (I. 19.) — Registre in-4°, 98 feuillets.

1792-1793. — Inscription des permis d'émigration du 12 janvier 1792 au 8 juin 1793 (audit registre sont joints : un état des ecclésiastiques ayant pris un permis d'embarquer pour les îles anglaises et un état des personnes non domiciliées de la commune de Port-Malo, émigrées pour Jersey par la dite commune). — Du 22 janvier 1792, il a été donné un permis d'embarquement pour Gerzey (*sic*) sous la garantie de M. Maugendre, habitant de cette ville à M. Alexandre Dominique Audouin, prêtre, ex-chanoine de la ci-devant cathédrale de Quimper, chef-lieu du département du Finistère. — Du 13 septembre 1792, permis à Alexis-Pierre Bossard, prêtre de Rennes, paroisse St-Etienne, de se déporter pour Gerzey suivant la loi du 26 août dernier, sur sa réquisition, et a signé. — 9 janvier 1793, permis au sieur Louis Corbeau, prêtre d'Angers, de se déporter par Jersey sur le bateau l'*Actif*, capitaine Lair, suivant la loi du 26 août dernier, et a signé. — 19 février 1792, permis à M. Bernard Dubaut Cilly fils, négociant en cette ville et à son fils âgé de 8 ans, sur le bateau *Henry-Marie*, cap. Messervie, allant à Jersey et de là à Londres où des affaires de commerce l'appellent. — 18 mars 1792, sur la déclaration de la dame Jeanne-Bonne Fleuriot, veuve de La Boissière, de vouloir passer à Gerzey avec demoiselles Louise-Bonne et Françoise-Joséphine de La Boissière, ses deux filles, pour y donner à dame Jeanne-Catherine de La Boissière, dame de Romirieux, tombée malade au dit Gerzey, tous les soins qu'exige son état et sous l'offre de ladite dame veuve de La Boissière de revenir avec ses demoiselles aussitôt que la dame sa fille sera rétablie, il lui est permis de passer à ladite île anglaise sur le bateau *La Marie*, capitaine Dolley, de Gerzey. — 19 avril 1792, permis d'embarquer à Mme Morand et à Mlle Jeanne Clouart, sa femme de chambre, pour passer à Jersey sur le bateau *Henri-Marie*, capitaine Messervie, pour le rétablissement de sa santé, suivant certificat de MM. Macey et Bougourd, médecins de cette ville, lesquels lui ont conseillé les eaux de Spa.— Permis au sieur Simon-Marie Trochon, prêtre originaire de Châteaugontier, se déportant par Jersey suivant la loi du 26 août et sur sa réquisition.— Permis de passer à Jersey sur le bateau *La Revanche*, capitaine Le Keur, à François Vessière, auvergnat, marchand forain, qui ne signe, etc.

LL. 110. (I. 20.) — Registre in-4°, 96 feuillets.

An IV-an V. — Inscription des étrangers. Du 1er au 2 nivôse an IV, rapport des consignes de la porte St-Vincent, Julien Blandin, cultivateur à Dol, vat (*sic*) loger chez Guigot, au Chêne-Vert, etc. — Georges Sebire et Georges Jacob, laboureurs de St-Broladre, ont dit venir apporter un réquisitoire pour les travailleurs de la digue de Dol, ont dit ne sçavoir où loger. — Aimé Gault, de Dol, vat (*sic*) loger chez Guigo Vient, receveur de l'enregistrement à Port-Malo. Prudent Guinemer, laboureur, Jean Pilon, maréchal, et René Livoret, domestique, de Combourg, vont loger chez Frangeuil, rue du Point-du-Jour, etc... (Les deux derniers feuillets de ce registre ont été employés à l'inscription des heures d'entrée en ville des tombereaux servant à la répurgation, du 7 ventôse an IV au 4 germinal ; ces véhicules entraient en ville entre 8 et 9 heures du matin, sauf le dimanche, ils étaient au nombre de trois).

LL. 111 (I. 21.) — Registre in-folio, 95 feuillets.

1792-1793. — Liste alphabétique des passeports délivrés, de avril 1792 à septembre 1793 (à ce registre est joint le cahier brouillon de la même époque). — Permis donné au sieur François-Marie Jérôme de Couesnon, prêtre de la paroisse de Croixille-du-Désert, département de la Mayenne, aïant un passeport de la municipalité de St-Jumieux (1) district dudit nom, département de la Haute-Vienne, de s'en retourner à St-Jumieux pour s'y présenter aux administrateurs qui jugeront si ledit sieur de Couesnon est, ou non, dans le cas de la déportation, lui aïant déclaré ne vouloir ni se déporter ni émigrer ; — à Jean Roybet, de Grenoble, allant audit lieu avec la conduitte prescrite par la loi ; — au sieur Auguste Savournin allant visiter les bateries et signaux des départements des Coste du Nord et de Lisle et Villaine, etc...

LL. 112 (I. 22.) — Registre in-folio, 197 feuillets.

An III-an IV. — Liste alphabétique des passeports délivrés. — Mathurin Frangeul, menuisier de Port-Malo, allant à La Boussac. — Nicolas Harvut, cordonnier, de Port-Malo, allant à Plancoët. — Citoyenne Jaluzeau, marchande, de Port-Malo, allant à Morlaix. — Charles Magon Gervaisais, négociant, de Port-Malo, allant à Paris. — Jean Zinguerlé, aubergiste, de Port-Malo, allant à Pleudihen, etc.

(1) Il s'agit de St-Junien (H.).

LL. 113 (**I. 23.**) — Registre in-folio, 143 feuillets.

An V-an VI. — Liste alphabétique des passeports délivrés du 1er vendémiaire an V au 3 brumaire an VI.

LL. 114 (**I. 24.**)—Registre in-folio, 107 feuillets seulement.

An VI-an XI. — Enregistrement des passeports délivrés du 25 nivôse an VI au 23 germinal an XI. — Registre ouvert à l'administration municipale de Saint-Malo pour y inscrire par ordre de datte (*sic*) et numéros, les passeports délivrés aux citoyens, ledit registre contenant cent quarante-huit feuillets a été paraphé par premier et dernier par nous, Louis-Pierre Martin, président de l'Administration municipale de Saint-Malo, ce vingt-quatre nivôse l'an six de l'ère française Républicaine. — (A l'intérieur de la couverture dudit registre est attachée une lettre du ministre de la police générale du 25 ventôse an VII contenant des instructions et prescriptions relatives à la délivrance des passeports).

LL. 115 (**I. 25.**) — Registre in-folio, 144 feuillets.

An VI-an XI. — Visas des passeports du 25 nivôse an VI au 23 germinal an XI. — Ce registre contient environ 8.500 visas de passeports de toutes provenances et n'offrant rien de particulier, sauf ce qui suit : A l'intérieur de la couverture est attachée une « Liste des « Chevaliers de Malthe ou des Malthais voyageant en « France » avec la remarque ci-après : « on observe « que tous ces individus ne voyagent point sous leurs « propres noms, mais avec des passeports de négo- « ciants et des extraits de baptême qui constatent qu'ils « sont nés et habitants de l'isle de Malthe ». Suit la liste nominative qui comprend 16 français, 4 napolitains, 4 siciliens, 2 génois, 1 italien et 14 maltais non chevaliers (1).

LL. 116. (**I. 26.**) — Registre in-4°, 79 feuillets écrits.

1791-1810. — Registre d'écrou. (2) — Le 18 novembre 1792 la garde du 34e régiment a conduit à la maison d'arrêt de cette ville, le citoyen Léonard Lavigne, matelot sur la corvette *Le Furet*, par l'ordre du citoyen Legritz, officier municipal et commissaire des prisons, pour jusqu'à nouvel ordre. — Le 6 mars 1793 la garde nationale de cette ville a conduit en prison les nommés Julien Eloy Margerie, prêtre et Jean Pruat, par l'ordre des citoyens administrateurs du distric (*sic*) à St-Malo. — Concierge de la maison d'arré de cette ville vous ète par nous chargé du nommé François Hamon est Jacque Le Roux mattelot de la frégade de la République pour en faire bonne et surgarde est nourie au pain de la République jusqua nouvelle orde a St-Malo ce 13 may 1793 (*textuel*), signé : Maufroy brigadier à Dinan, Ray gendarme a Dinan, Garnierd, gendarme. — Le 16 novembre 1793 on a conduit en prison les nommés Marie Augé, Anne Abelard, Jeanne Gros, Pierre Brevere, Louise Bruere, Jacques Hubert, tous les six brigands, conduit par les ordre du conseille militaire. — Du huit messidor l'an deuxième de la République française une et indivisible. Tu ais chargé par ordre du comité de surveillance révolutionnaire de Port-Malo du nommé Jean Bodin, fils de Jean Bodin natif de la commune de St-Martin Le Come (1), district de Fougère, département d'Isle et Vilaine, âgé de trente quatre ans, actuellement demeurant à Port-Malo, rue Vieille boucherie, quatre cent onze. Tu est chargé de plus de ne le laisser communiquer avec qui que ce soit jusqu'à nouvel ordre. (signée), Chauvin, Schmitt. — Le concierge de la maison de dépôt de St-Malo ferat bonne et sure garde de François Picard, forcas délibéré pour être mis à la disposition du maire de cette ville, St-Malo 30 germinal an XII. (signé) Obry, etc...

LL. 117. (**I. 27.**) — Registre in-4°, 23 feuillets écrits.

An II-an IV. — Journal de la prison, du 18 floréal an II au 11 pluviôse an IV. — Joseph Glard, âgé de 44 ans, natif de Tremorel, district de Mainlibre (2) département des Côtes-du-Nord, fils de Guillaume et de Marie Sottinel, soupçonné de favoriser les brigands de la Vendée, incarcéré le 23 frimaire (an II). — Foulon Marguerite, femme Le Roy, âgée de 32 ans, résidente à Port-Solidor, prévenue de rénovation de chouanage, d'avoir tenu des propos contrerévolutionnaires et tendant tant à l'avilissement de la République qu'au retour de la Royauté, a été incarcérée en vertu de mandat d'arrêt décerné par le citoyen Philant, juge de paix de Port-Solidor le 22 floréal 3e année (sortie le 9 prairial 3e année pour être conduitte à la tour de Solidor d'ordre du général Rey). — Schmitt Schneider, Nicolas-François, natif de Laval, âgé de 34 ans, Robert François, âgé de 36 ans, natif de Port-Malo, tous deux

(1) Cette liste a été publiée par nous dans le journal « *La Côte d'Emeraude* » 1905 (H.).

(2) Tous ces extraits sont reproduits textuellement. (H.)

(1) Vraisemblablement St-Marc-sur-Couesnon. (H.)

(2) Loudéac.

prévenus d'actes arbitraires et d'abus d'autorité dans leurs fonctions d'ex-membres du comité révolutionnaire, ont été incarcérés en vertu de mandat d'arrêt décerné ce jour contr'eux par l'officier de police de sûreté de cette commune, le 23 prairial 3e année. — Desmaison René-Louis, âgé de 20 ans, domicilié à Port-Solidor, prévenu d'avoir été ce matin chercher le citoyen Le Deuc, d'avoir voulu tirer sur lui avec un pistolet à la main qui a ratté et même d'être en outre saisi d'un autre pistolet chargé, détenu provisoirement jusqu'à plus ample information, par ordre du citoyen Cudenet, le 26 vendémiaire 4 année républicaine, etc.

LL. 118. (I. 28.) — Registre in-folio.

An II. — Émigrés. — Liste générale des émigrés de toute la République française dressée en exécution de l'art. 16 de la loi du 28 mars 1793, 1er de la République une et indivisible (Imprimerie de l'administration des Domaines nationaux an II). — Liste alphabétique de A à DI comprenant la désignation des émigrés, le dernier domicile connu et la situation des biens :

Abadie, surnommé St-Germain, capitaine de cavalerie, domicilié à St-Sever, biens à St-Sever, district.

Briçon Charles-Nicolas, conseiller au Parlement, domicilié à Paris, biens dans le district de Sancerre.

Defoy, cocher du 1er frère du dernier tyran, domicile Versailles, biens à Versailles.

Desonts, garde du dernier tyran, domicile Versailles, biens à Versailles, etc...

LL. 119. (I. 29.) — Registre in-folio.

An II. — Suite de la liste générale des émigrés, de DO à L (à la page 86 de la lettre L, sont placées 3 branches de fleurs desséchées).

LL. 120. (I. 30.) — Registre in-folio.

An II. — Suite et fin de la liste générale des émigrés, de M à Z... — La présente partie de la liste des émigrés de toute la République... a été arrêtée par nous, ministres de la justice, de la guerre, de l'intérieur et des contributions publiques et administrateur des domaines nationaux, en exécution de l'article 2 de la loi du 27 brumaire dernier. Conformément à l'art. 5 de cette loi et à celle du 6 pluviôse, les délais fixés pour la liquidation des créanciers (*sic*) par les art. 5, 6, 7, 8 et 9 du paragraphe 2 du décret du 25 juillet 1793, courront à dater de ce jour, à l'égard des créanciers des émigrés compris dans la présente partie de la liste. Paris ce 24 pluviôse an deuxième de la République française une et indivisible (signé) Gohier, Bouchotte, Paré, Destournelles et Laumont. (Cette mention existe à la fin de chaque partie de la liste des émigrés).

Série K

PERSONNEL — ÉLECTIONS

L.. 121. (**K. 1.**) — Liasse, 63 pièces ou plis numérotés de 1 à 63.

1790-an VII. — Elections municipales, personnel. — (1) Election de la municipalité de St-Malo, du fauxbourg St-Servan et dépendance, cahier 18 feuillets (10 février 1790). — (2) Procès-verbal de l'élection de la municipalité de St-Malo et des fauxbourgs, cahier 29 feuillets écrits (10 février 1790). — (3) Procès-verbal d'élection de la municipalité, cahier 17 feuillets écrits (10 février 1790). — (4) Election de M. Duparc-Louvel, maire constitutionnel (11 février 1790). — (5) Scrutin du quartier St-François (11 février 1790). — (6) Election des officiers municipaux de St-Malo (17 février 1790). — (7) Election des notables de St-Malo (26 février 1790).— (8) Election des juges au Tribunal (25 octobre 1790). — (9) Etat des citoyens actifs de St-Malo (1790). — (10) Lettre d'acceptation du sieur Capard élu assesseur du juge de paix (20 novembre 1790). — (11) Election d'un substitut de commerce (20 novembre 1790).— (12) Election de M. Cudenet, juge de paix (20 novembre 1790). (13) Scrutin de l'élection d'un juge de paix à St-Malo (20 novembre 1790). — (14) Scrutin de l'élection des assesseurs du juge de paix (20 novembre 1790). — (15) Scrutin de l'élection de six prud'hommes assesseurs du juge de paix (21 novembre 1790). — (16) Lettre de M. Hugon père refusant les fonctions d'assesseur du juge de paix (22 novembre 1790). — (17) Lettre de M. Malapert refusant les fonctions d'assesseur du juge de paix (22 novembre 1790). — (18) Lettre de M. Robert de la Mennais refusant les fonctions d'assesseur du juge de paix (24 novembre 1790). — (19) Lettre de M. Larsonneur refusant les fonctions d'assesseur du juge de paix (24 novembre 1790). — (20) Lettre de M. Proust père refusant les fonctions d'assesseur du juge de paix (24 novembre 1790). — (21) Lettre de M. Proust fils refusant les fonctions d'assesseur du juge de paix (24 novembre 1790). — (22) Lettre de M. Hucet refusant les fonctions d'assesseur du juge de paix (24 novembre 1790). — (23) Lettre de M. Giron de la Massuère refusant les fonctions d'assesseur du juge de paix (25 novembre 1790). — (24) Lettre de M. Chifolian père acceptant les fonctions d'assesseur du juge de paix (25 novembre 1790). — (25) Lettre de M. Cor refusant les fonctions d'assesseur du juge de paix (27 novembre 1790). — (26) Lettre de M. Dubuisson refusant les fonctions d'assesseur du juge de paix (27 novembre 1790). — (27) Lettre de M. Cosson acceptant les fonctions d'assesseur du juge de paix (27 novembre 1790). — (28) Lettre de M. Pointel acceptant les fonctions d'assesseur du juge de paix (27 novembre 1790).— (29) Lettre de M. Marestier acceptant les fonctions d'assesseur du juge de paix (novembre 1790). — (30) Lettre de M. Restif acceptant les fonctions d'assesseur du juge de paix (1er décembre 1790).— (31) Lettre de M. Le Même refusant les fonctions d'assesseur du juge de paix (1er décembre 1790). — (32) Lettre de M. Ameline acceptant les fonctions d'assesseur du juge de paix (2 décembre 1790). — (33) Lettre de M. Bichat-Grandmaison refusant les fonctions d'assesseur du juge de paix (2 décembre 1790). — (34) Lettre de M. Pointel, homme de loi, acceptant des fonctions dans la justice de paix (3 décembre 1790). — (35) Lettre de M. Jean Duguen refusant les fonctions d'assesseur du juge de paix (4 décembre 1790). — (36) Lettre de M. Allanic refusant les fonctions d'assesseur du juge de paix (4 décembre 1790). — (37) Lettre de M. Amy acceptant les fonctions d'assesseur du juge de paix (6 décembre 1790). — (38) Lettre de M. Desegray acceptant les fonctions d'assesseur du juge de paix (7 décembre 1790). — (39) Procès-verbal de remise du dépouillement des scrutins des sections pour l'élection d'un greffier de paix (6 novembre 1792). — (40) Lettre donnant la composition de l'administration du département (14 novembre 1792). — (41) Election d'officiers municipaux, section du Nord (3 décembre 1792). — (42) Election des officiers municipaux, section de l'Ouest (3 décembre 1792). — (43) Recensements généraux de l'élection des commissaires et officiers municipaux (décembre 1792). — (44) Recensement général des votes pour la nomination des substitut et procureur de la commune (5 décembre 1792). — (45) Election d'officiers municipaux (6 décembre 1792). — (46) Election du substitut, 2e tour (6 décembre 1792).— (47) Scrutin pour la nomination de deux commissaires de police (8 décembre 1792). — (48) Dépouillement du scrutin pour la nomination du commissaire de police, section de l'Ouest (8 décembre 1792).— (49) Nomination du citoyen Couillard comme commis-greffier de paix (1793). — (50) Organisation des bureaux de l'administration municipale (16 janvier 1793). — (51) Acceptation de la place de maire de St-Malo par le citoyen Perruchot (25 mai 1793). — (52) Nomination du sieur Guillemot Despeschers, trésorier de l'hôpital général (27 juillet 1793). — (53) Lettre relative au traitement du receveur communal (1er août 1793). — (54) Lettre relative à la nomination d'un trésorier de l'hospice St-Yves (16 août 1793). — (55) Lettre de démission de Guillaume Pottier, conseiller (3 floréal an II). — (56) Etat des objets nécessaires pour les bureaux de l'administration municipale (16 pluviôse an IV).— (57) Traitement des employés municipaux, ceux-ci payés en assignats à raison de 30 fois la somme (an IV). — (58) Composition de l'administration municipale du district de Port-Malo (14 pluviôse an IV). — (59) Protestation contre des opérations électorales (an VI). — (60) Liste des électeurs de la section de l'Est (ventôse an VII).— (61) Proclamation au sujet de la tenue des assemblées primaires (17 ventôse an VII). — (62) Procès-verbaux de la tenue des assemblées primaires, 1 liasse (an VII). — (63) Démission de Samuel Dorville, commissaire de police (4e jour complémentaire an VII).

LL. 122. (K. 2.) — Liasse, 16 pièces numérotées de 64 à 79.

1789-an VII. — Elections politiques. — (64) Convocation du tiers-état à St-Malo pour la nomination des députés aux Etats généraux (1789). — (65) Convocation des courtiers et agents de change pour l'élection de leurs députés (28 mars 1789). — (66) Lettres des commissaires du roi pour l'organisation des assemblées départementales (9 avril 1790). — (67) Ordonnance pour la formation des assemblées départementales (27 avril 1790). — (68) Choix des électeurs pour les assemblées départementales (19 mai 1790). — (69) Assemblée électorale des gardes nationales du district pour nommer des députés à Paris (27-28 juin 1790). — (70) Indemnité aux députés de St-Malo à Paris (24 août 1790). — (71) Procès-verbaux de nomination des électeurs pour choisir les députés à la Convention (section nord de la ville) (26 août 1792). — (72) Procès-verbaux des nominations d'électeurs pour choisir les députés à la Convention (août 1792). — (73) Election de députés à la Convention et de hauts-jurés (4 septembre 1792). — (74) Traitement et indemnité au citoyen Bodinier, député suppléant (31 octobre 1792). — (75) Démission du citoyen Bataillé, conseiller général (13 mai 1793). — (76) Liste des conseillers généraux de la commune de Port-Malo (an III). — (77) Liste des candidats inscrits pour composer l'administration du département (an VI). — (78) Proclamation du Directoire relative aux élections (an VII). — (79) Circulaire relative aux élections (an VII).

Série L

COMPTABILITÉ ET REVENUS MUNICIPAUX

LL. 123. (**L. 1.**) — Registre, 110 feuillets écrits.

An II-an X. — Comptabilité. — Dépenses communales du 1er pluviôse an II à germinal an X.

LL. 124. (**L. 2.**) — Liasse, 16 pièces ou dossiers numérotés de 1 à 16.

1790-an IV. — Comptabilité. — (1) Ordonnancement d'une somme de 120 livres à payer aux récollets de St-François à titre d'indemnité à l'occasion d'une assemblée primaire tenue dans leur église (4 mars 1790). — (2) Dossier des pièces à l'appui des comptes du receveur municipal pour l'exercice 1791 (1791). — (3) Constitution de rente au profit des mineurs Dupuy-Ruellan (avril 1792). — (4) Comptes divers de la gestion communale et pièces à l'appui (1792). — (5) Remboursement des sommes avancées à la ville par les habitants en 1758 (1793). — (6) Comptes des trésoriers de la commune de Port-Malo (1793). — (7) Compte-courant de M. Bossinot, trésorier de Port-Malo, du 14 germinal au 1er ventôse 1793 (1793). — (8) Pièces diverses, reçus et mémoires relatifs à l'horloge publique et au sonneur, liasse (an II). — (9) Reçus de traitements des employés municipaux (an II). — (10) Reçus divers (an II). — (11) Mémoire de peinture à la « Porte des sans-culottes » (pluviôse an II) (1). — (12) Charges locales de la municipalité, arrêtées à la somme de 13534 livres 15 sols 1 denier, lettre (18 avril 1794) (29 germinal an II). — (13) Etat des charges de la commune de Port-Malo (an III). — (14) Etat des charges communales (9 brumaire an III). — (15) Comptes de vérification de la caisse du receveur de la commune (22 germinal an IV). — (16) Injonction à l'économe de Port-Malo (12 pluviôse an IV).

(1) Publié par nous, avec notes, dans *La Côte d'Emeraude*, le 20 décembre 1905. H.

LL. 125. (**L. 3.**) — Liasse, 15 pièces ou dossiers numéros de 17 à 31.

1790-an X. — Taxes municipales et revenus mobiliers. — (17) Diverses pièces relatives aux droits perçus sur le Couesnon et l'Arguenon (1790-1791). — (18) *Comptes concernant les recettes et dépenses du feu du Cap Fréhel* (1781-1791). — (19) Compte général des droits patrimoniaux (1er avril 1790). — (20) Main-levée des droits patrimoniaux (11 octobre 1790). — (21) Etat des droits patrimoniaux (octobre 1790). — (22) Pétition des receveurs des droits patrimoniaux demandant une augmentation de traitement (26 mars 1790). — (23) *Compte de la recette des vingtièmes de l'industrie* (14 janvier 1791). — (24) Lettre des membres du comité des finances au sujet d'un état de dépenses et lettres de change (19 messidor an III). — (25) Poursuite contre un comptable de l'économat national, en retard dans la présentation de ses comptes (12 pluviôse an IV). — (26) Arrêté exemptant de la taxe les voitures servant à *la répurgation* (7 vendémiaire an VII). — (27) Emploi des deniers provenant des octrois (1791 et suivants). — (28) Compte de la recette de l'amirauté de St-Malo (3 mai 1792). — (29) Etat des titres et pièces produits par la ville de St-Malo pour justifier de son droit d'ancrage (16 avril 1791). — (30) Recette pour les réparations des grandes routes (an VI). — (31) Remboursement aux héritiers de François Brignon de Léhen de la somme avancée par ce dernier (an X) (1802).

Série M

MONUMENTS ET ÉTABLISSEMENTS PUBLICS

LL. 126. (**M. 1.**) — Liasse, 5 pièces (dont un dossier) numérotées de 1 à 5.

1790-1793. — (1) Estimation du bâtiment de la vieille prison (20 décembre 1790). — (2) Projet de construction et aménagement d'une maison d'arrêt dans les bâtiments de l'ancien monastère St-Benoit (dossier comprenant un rapport et trois plans) (20 mai 1792). — (3) Devis de travaux à la prison (29 décembre 1792). — (4) Lettre du professeur d'hydrographie de Honfleur, relative à une somme de 100 livres qu'il a reçue pour ses bons offices (16 janvier 1793). — (5) Loyer du cours d'hydrographie (5 septembre 1793).

Série N

PROPRIÉTÉS COMMUNALES

LL. 127. (**N. 1.**) — Liasse, 17 pièces, numérotées de 1 à 17.

1791-an VIII. — Droits divers, locations, etc. — (1) Cahier des charges pour la vente des biens de la commune (14 janvier 1791). — (2) Affiche annonçant l'adjudication de l'ouvrage à faire au palais épiscopal transformé en hôtel-de-ville et sous-préfecture (1791). — (3) Adjudication du bail du bâtiment occidental de l'hôtel commun (30 juillet 1791). — (4) Adjudication des travaux à faire à la maison de ville destinée au district (30 juillet 1791). — (5) Déclarations relatives à la propriété des marais du Routhouan (13 février 1792). — (6) Etat des maisons devenues propriétés nationales dans la commune de Port-Malo (an III). — (7) Affermage de divers biens, 5 pièces (an IV). — (8) Affermage de biens nationaux (8 fructidor an IV). — (9) Bail d'une pièce de terre près Marville et deux autres baux, 3 pièces (12 fructidor an V). — (10) Affermage de biens nationaux provenant de Magon de la Blinaye (12 fructidor an V). — (11) Affermage de biens nationaux provenant de Nouail de la Villegille (12 fructidor an V). — (12) Liasse de divers baux de biens nationaux, 8 pièces (prairial à messidor an V). — (13) Affermage du temple décadaire, ex-église des Récollets (28 floréal an VII). — (14) Adjudication de réparations à une maison rue St-Vincent, héritage Vincent (18 frimaire an VIII). — (15) Adjudication des réparations à faire à la métairie des Champs-Adam (18 frimaire an VIII). — (16) Adjudication des réparations à faire à la métairie de la Ville-Aumone, émigration Magon-Coëtizac (18 frimaire an VIII). — (17) Adjudication de coupe de bois (25 frimaire an VIII).

LL. 128. (**N. 2.**) — Liasse, 38 pièces, numérotées de 18 à 55.

1787-an VIII. — Biens nationaux, pièces diverses. — (18) Estimation des domaines nationaux situés en la commune de St-Servan (sans date). — (19) Inventaire des calices et ornements de l'église de St-Malo [1] (12 janvier 1787). — (20) Ordonnance des administrateurs du district pour faire payer à leur caisse les revenus des biens ecclésiastiques (10 septembre 1790). — (21) Lettre des administrateurs du district de Dol relative aux biens nationaux (29 octobre 1790). — (22) Lettre d'un expert des biens nationaux (11 décembre 1790). — (23) Lettre concernant les biens nationaux du district de Dol (15 décembre 1790). — (24) Affiche pour la vente des biens nationaux à St-Malo (21 janvier 1791). — (25) Affiche pour la vente des biens nationaux du district de Dinan (19 mars 1792). — (26) Affiche annonçant l'adjudication des biens nationaux de St-Malo, St-Guinoux et St-Père (12 octobre 1792). — (27) Inventaire de l'argenterie de la chapelle St-Thomas [2] (24 décembre 1792). — (28) Lettre de Sijas, adjoint à la 4e division du département de la guerre, relative aux confiscations et déportations (an II). — (29) Envoi à St-Malo des titres féodaux de la terre de Villers-Bocage appartenant au citoyen Meslé-Grandclos (5 nivôse an II). — (30) Envoi de placards relatifs au séquestre des biens des émigrés (28 nivôse an II). — (31) Lettre de Laumond, administrateur des domaines nationaux, relative à la confiscation des biens (4 ventôse an II). — (32) Lettre de Sijas relative à la confiscation

(1) Publié par nous dans *La Côte d'Emeraude*, 3 février 1906. H.
(2) Publié dans *La Côte d'Emeraude*, 24 février 1906. H.

des biens (10 ventôse an II). — (33) Lettre de Laumond sur le même sujet (14 ventôse an II). — (34) Lettre de Sijas relative à la confiscation et à la surveillance des biens (30 ventôse an II). — (35) Lettre de Laumond au sujet de la liste des personnes dont les biens ont été confisqués (29 germinal an II). — (36) Réquisition des ornements et argenterie provenant des églises (22 germinal an II). — (37) Réclamation au sujet du non envoi de l'état des biens nationaux (5 floréal an II). — (38) Inventaire des effets et ornements du chapitre [1] (8 prairial an II). — (39) Suite de l'inventaire des effets et ornements de l'église cathédrale (9 prairial an II). — (40) Inventaire des objets ayant appartenu au chapitre de St-Malo (15 thermidor an II). — (41) Transport du poële et du bois ayant appartenu au chapitre, dans la salle du directoire (22 frimaire an III). — (42) Evaluation des dîmes de la paroisse de St-Méloir (11 ventôse an III). — (43) Dîmes de la paroisse de Port-Solidor (18 ventôse an III) [2]. — (44) Evaluation des anciennes dîmes de Paramé (27 ventôse an III). — (45) Procès-verbal de l'inventaire du mobilier de l'église St-Sauveur (13 germinal an III). — (46) Adjudication des décombres provenant de la ci-devant cathédrale (30 brumaire an IV). — (47) Procès-verbal de bannie de l'adjudication des domaines nationaux (2 messidor an IV). — (48) Lettre des administrateurs du département relativement à la conservation des églises dont la beauté peut offrir des avantages pour le progrès des arts (10 brumaire an V). — (49) Lettre du receveur des domaines au sujet de la vente des meubles provenant de la cathédrale (13 brumaire an V). — (50) Soumission pour l'aliénation de la chapelle du Marais (8 pluviôse an VI). — (51) Lettre au ministre des finances relativement au paiement du solde de l'acquisition de l'ex-palais épiscopal et dépendances (an VII). — (52) Vente de biens d'émigrés (an VII). — (53) Partage de la succession de Châteaubriand-Duplessis (4 vendémiaire an VIII). — (54) Déclaration de vente des biens de l'émigré Becard (27 vendémiaire an VIII). — (55) Partage des biens de l'émigré Joly (2 frimaire an VIII).

(1) Cette pièce et les suivantes ont été publiées dans *La Côte d'Emeraude* 1er avril 1906. H.

(2) Pièces publiées par nous dans la *Revue d'Aleth* de mars 1906. H.

LL. 129. (**N. 3.**) — Liasse, 14 cahiers ou pièces numérotées de 56 à 69.

1790 — an VII. — Biens nationaux, soumissions d'acquérir, etc. — (56) Etat, par paroisse, des déclarations fournies par les ecclésiastiques de St-Malo, 1 cahier 36 feuillets (1790). — (57) Etat et note approximatifs des biens et revenus ecclésiastiques de St-Malo et environs, dans un rayon de 10 lieues, 1 cahier 12 feuillets (1790). — (58) Etat des biens fonds situés en la commune de Port-Malo, ci-devant dépendant de l'évêché, chapitre, cure, chapelleries, hôpitaux, etc., 1 cahier 4 feuillets (1790-1791). — (59) Visite et estimation des biens nationaux dépendant des communautés de Nazareth et du Guildo, 1 cahier 24 feuillets (1790).— (60) Visite de l'abbaye de Beaulieu district de Broons (Côtes-du-Nord), cahier 8 feuillets (1790). — (61) Estimation des biens de l'abbaye de Beaulieu, paroisse de Mégrit, comprise dans la soumission de la municipalité de St-Malo (1790). — (62) Visite et estimation du prieuré de Léhon (Côtes-du-Nord), cahier 16 feuillets (1790). — (63) Renseignements divers concernant les biens et revenus ecclésiastiques, cahier 11 feuillets (1790). — (64) Soumission de la municipalité de St-Malo pour l'acquisition de biens nationaux; cette soumission forme un cahier de 14 feuillets et porte sur les paroisses de St-Ideuc, St-Père, St-Guinoux, Dol, St-Coulomb, Cancale, La Fresnais, Paramé, St-Servan, St-Enogat et s'élève à 303.747 livres 12 sols 5 deniers (20 décembre 1790). — (65) Estimation de biens nationaux situés dans l'évêché, cahier 8 feuillets (24 décembre 1790). — (66) Trois expéditions de l'état des biens fonds des émigrés déportés et condamnés de la commune de Port-Malo (1791). — (67) Estimation des biens nationaux dans le district de Port-Malo, cahier 12 feuillets (9 février 1791). — (68) Trente feuillets du registre des soumissions de particuliers pour l'acquisition de biens nationaux (1790-1791). — (69) Déclarations d'acquisition de biens d'émigrés, cahier 10 feuillets écrits (an VI - an VII).

Série O

TRAVAUX PUBLICS, VOIRIE, NAVIGATION, RÉGIME DES EAUX

LL. 130. (**O. 1.**) — Liasse, 23 pièces, numérotées de 1 à 23.

1792 - an X. — (1) Mémoire relatif aux travaux à faire pour les ports de St-Malo, etc (1792). — (2) Pétition à l'Assemblée nationale au sujet de la création d'un port national à St-Servan (12 février 1792). — (3) Cahier des charges pour l'entretien du pavage (15 mai 1792). — (4) Adjudication de l'entretien du pavage (15 mai 1792). — (5) Loi prescrivant une enquête au sujet de la création d'un port national entre St-Malo et St-Servan (8 juin 1792). — (6) Devis et adjudication des travaux à faire aux ex-écuries de l'ex-palais épiscopal de St-Malo (octobre 1792). — (7) Emprunt de 1500 livres pour l'*illumination* de la ville (22 novembre 1792). — (8) État des ouvrages et réparations à faire aux ponts et chemins de service dans le port de St-Malo (11 janvier 1793). — (9) Projet de comblement des douves du Château et démolition des créneaux de la tour Quic-en-Groigne (1er avril 1793). — (10) Liasse de pièces relatives au pavage des rues, numérotage des maisons et des fontaines publiques (1793). — (11) Lettre du citoyen Dalbarade, ministre de la marine, au sujet de la construction de jetées et digues (1er juillet 1793). — (12) Liasse de pièces relatives à l'éclairage de la ville et des corps-de-garde (an II). — (13) Procès-verbal des séances de l'assemblée des Digues et Marais de Dol (frimaire an II). — (14) Avis d'envoi d'un tableau de changement du nom des rues de Port-Malo [1] (23 germinal an II). — (15) Lettre du génie militaire au sujet de l'écluse du réservoir au pied de la tour dite La Générale (25 floréal an II). — (16) États concernant le marais de Port-Malo, situation (nivôse an III). — (17) Lettre relative aux réparations et exhaussement du pont du Val (21 fructidor an IV). — (18) Correspondance et arrêté relatifs à l'établissement du télégraphe Chappe sur la tour du clocher de la cathédrale (germinal an VI). (19) Pièces relatives aux dégâts causés par la mer à la chaussée dite Digue des Grands Marais, 8 pièces (fructidor an VI à frimaire an VII). — (20) Dégâts causés par la mer aux fortifications près le « Jardin d'Amour » (floréal an VII) [2]. — (21) Quatre lettres relatives à la démolition de la cabane aux chiens, sur le Sillon (vendémiaire à messidor an VII). — (22) Arrêté prescrivant la réparation de la digue du Talard endommagée par les marées (6 frimaire an VIII). — (23) Procès-verbal des séances de l'assemblée des Digues et Marais de Dol (frimaire an X).

(1) Voir à ce sujet la brochure par nous publiée en 1881. H.

(2) Documents publiés par nous dans la *Côte d'Émeraude*, le 27 décembre 1905. H.

Série P

CULTE

LL. 131. (**P. 1.**) — Liasse, 40 pièces, numérotées de 1 à 40.

1790 - an VI. — Culte catholique. — (1) Lettre du curé de St-Malo au sujet du décret de l'Assemblée nationale du 11 février 1790 (13 mars 1790). — (2) Déclaration de J.-B. Siochan, prêtre constitutionnel, relative à sa pension (15 mars 1790). — (3) Etat et déclaration des appointements, charges et services spirituels et temporels de l'aumônier du château de St-Malo (18 mars 1790). — (4) Dom Thomas Devy, bénédictin, quitte la vie religieuse pour vivre en citoyen « dans l'état civil et ecclésiastique séculier » (26 mars 1790). — (5) François Personne, récollet, quitte le couvent pour vivre en prêtre séculier (7 avril 1790). — (6) François-Marie Guillonneau, récollet, quitte le couvent pour vivre en prêtre séculier (12 avril 1790). — (7) Dom de Juin, bénédictin, fait rétractation de son serment (6 juin 1790). — (8) Refus du curé de St-Malo de donner lecture du décret de constitution civile du clergé et procédure à ce sujet (12 février 1791). — (9) Lettre autographe de M. Le Coz, évêque métropolitain du Nord-Ouest (8 juin 1791). — (10) Autre lettre de M. Le Coz (12 septembre 1791).— (11) Rasement du colombage des deux ailes du chœur de la cathédrale (25 juin 1792). — (12) Prestation de serment par les citoyens Duhamel, Lemoigne, Mousset et Bastien, prêtres (26 septembre 1792). — (13) Prestation de serment des citoyens Beauchemin et Devadre, chantres à l'église (1er octobre 1792). — (14) Prestation de serment de Gilles Fourgis, curé constitutionnel de St-Père (5 octobre 1792). — (15) Prestation de serment de Jean Lemoine, prêtre constitutionnel (12 octobre 1792). — (16) Prestation de serment de J. Radou, prêtre constitutionnel (22 octobre 1792). — (17) Demande de six gardes nationaux par le curé constitutionnel pour le maintien de l'ordre pendant la messe de minuit (24 décembre 1792). — (18) Lettre du conseil exécutif au prince évêque de Rome (23 novembre 1792). — (19) Tableau des curés et vicaires des villes et paroisses du district de St-Malo, ecclésiastiques réguliers et séculiers, laïcs et religieuses pensionnés, avec leur traitement, tant par an que par quartier (1er avril 1793). — (20) Décret de la Convention accordant un secours annuel aux évêques, curés et vicaires qui abdiquent leur état de prêtrise (2 frimaire an II). — (21) Lettre des administrateurs du Mont St-Michel pour faire donner des vivres aux prisonniers (16 frimaire an II).— (22) Décret qui assujettit au serment les filles et femmes attachées aux ci-devant congrégations (9 nivôse an II). — (23) Etat des sommes à payer pour pensions ecclésiastiques (14 germinal an II). — (24) Fixation des époques de paiement des rentes ecclésiastiques (18 pluviôse an II). — (25) Décret relatif aux pensions ecclésiastiques (6 ventôse an II). — (26) Occupation de l'église St-Sauveur pour y loger des munitions (25 prairial an II).— (27) Demande de cloches par l'agent du district (18 thermidor an II).— (28) Pensions ecclésiastiques (2e jour complémentaire an II). — (29) Lettre relative à la fonte des cloches et donnant des explications sur la séparation des églises et de l'Etat (18 ventôse an III). — (30) Lettre des administrateurs du département demandant l'état de toutes les religieuses anglaises des différentes communautés (1er floréal an III). — (31) Affectation des églises St-Sauveur, de la Victoire et du Marais, au culte catholique (14 messidor an III). — (32) Instruction au sujet des ministres du culte (1er floréal an III).— (33) Pensions ecclésiastiques, instructions (23 prairial an III). — (34) Pensions ecclésiastiques, instructions (an IV). — (35) Arrêté du Directoire déterminant le mode de paiement des pensions ecclésiastiques (13 germinal an IV). — (36) Mémoire des fournitures de travaux et fournitures pour le temple de « La Raison » (ancienne église St-François) pour la société populaire (1795). — (37) Lettre relative à la jouissance des édifices affectés au culte (10 messidor an V). — (38) Affectation de l'église St-François à l'usage de temple décadaire (22 pluviôse an VI). — (39) Arrêté rapportant celui du 22 pluviôse relatif à l'affectation de l'ex-église St-François (27 germinal an VI). — (40) Instructions concernant les titulaires des pensions dites ecclésiastiques (an VI).

LL. 132. (**P. 2.**) — Liasse, 10 pièces, numérotées de 41 à 50.

An III - an X. — Réaffectation de l'église cathédrale, etc. — (41) Avis relatif au décret du 26 nivôse an III proclamant le libre exercice du culte (2 pluviôse an III). — (42) Pétition tendant à la reddition des temples au culte (14 messidor an V). — (43) Lettre du commissaire des guerres au sujet de la demande faite par les habitants pour obtenir que la cathédrale de St-Malo fût rendue au culte (19 messidor an V). — (44) Lettre des administrateurs du Département permettant de rendre l'église cathédrale au service du culte (21 pluviôse an VI). — (45) Lettre du ministre de la guerre au sujet de la reddition de l'église cathédrale au culte (24 pluviôse an VII).— (46) Reddition de l'église cathédrale pour le service du culte (8 brumaire an IX). (47) Pétition de plusieurs habitants réclamant le libre exercice du culte dans la cathédrale (14 fructidor an IX). — (48) Evacuation des fourrages se trouvant dans la Cathédrale (19 fructidor an IX). — (49) Lettre relative au même sujet (19 fructidor an IX). — (50) Avis de la décision approuvant la translation des fourrages de la cathédrale à l'église St-François et celle des vivres de St-François aux greniers de la Boucherie (15 vendémiaire an X).

LL. 133. (**P. 3.**) — Liasse, 5 pièces, numérotées de 51 à 55.

1792 - an IV. — Pensions ecclésiastiques. — (51) Etat des pensionnés ecclésiastiques (1792). — (52) Etat des sommes à payer pour pensions ecclésiastiques en juillet 1792 (1792). — (53) Tableau des pensions dites ecclésiastiques pour l'an II (an II). — (54) Tableau des pensions dites ecclésiastiques pour l'an III (an III). — (55) Tableaux semestriels de pensions ecclésiastiques (an IV).

LL. 134. (**P. 4.**) — Liasse, 4 pièces, numérotées de 56 à 59.

1790 - 1791. — Communautés religieuses. Bénédictins. — (56) Déclaration faite par les bénédictins de St-Malo, en exécution des décrets de l'assemblée nationale (22 février 1790). — (57) Procès-verbal d'inventaire du monastère St-Benoit (13 avril 1790). — (58) Vente d'objets mobiliers provenant du monastère St-Benoit (21 avril 1790). — (59) Inventaire des titres, registres et papiers des ci-devant bénédictins (12 février 1791).

LL. 135. (**P. 5.**) — Liasse, 6 pièces, numérotées de 60 à 65.

1790 - 1792. — Communautés religieuses. Bénédictines. — (60) Inventaire de la communauté des bénédictines du Calvaire, en St-Servan (26 mai 1790). — (61) Biens de campagnes des bénédictines (21 décembre 1790). — (62) Procès-verbal de déclaration des bénédictines de la Victoire (27 décembre 1790). — (63) Lettre de la supérieure du couvent de la Victoire, demandant d'ouvrir l'église à la procession et demandant une garde pour le maintien de l'ordre (10 avril 1792). — (64) Lettre de la supérieure des bénédictines pour obtenir quelque délai pour la visite de la municipalité (6 juillet 1792). — (65) Inventaire du couvent des bénédictines de la Victoire (12 octobre 1792).

LL. 136 (**P. 6.**) — Liasse, une seule pièce, numéro 66.

1790. — Communautés religieuses. Capucins. — (66) Déclaration des titres de propriété et du personnel des capucins de St-Malo, se trouvant en la paroisse de St-Servan (24 mars 1790).

LL. 137 (**P. 7.**) — Un pli, numéro 67.

An V - an VI. — Communautés religieuses. Providence. — (67) Maison de « La Providence », ouvrages des pauvres de la commune de St-Malo du 22 pluviôse an V au 14 prairial an VI.

LL. 138 (**P. 8.**) — Liasse, 6 pièces, numérotées de 68 à 73.

1790 - an VII. — Communautés religieuses. Récollets. — (68) Inventaire des divers objets mobiliers des église et communauté des récollets de St-François

(10 mai 1790). — (69) Registre des déclarations des pères récollets qui veulent quitter le cloître pour vivre en bons et fidèles citoyens (28 juin-23 septembre 1791). — (70) Deux exemplaires du procès-verbal de récolement du mobilier du monastère St-François (24 avril 1792). — (71) Conservation des bâtiments du couvent des récollets (22 ventôse an VI). — (72) Lettre des administrateurs du département d'Ille-et-Vilaine au sujet de l'aliénation de l'ancien couvent de St-François (4 frimaire an VII). — (73) Opposition à l'aliénation du terrain St-François (17 frimaire an VII).

L.L. 139. (**P. 9.**) — Liasse, 9 pièces, numérotées de 74 à 82.

1790 - an V. — Communautés religieuses. Ursulines. — (74) Procès-verbal de déclarations des ursulines de la communauté de Ste-Anne (27 décembre 1790). — (75) Deux lettres de la sœur Thaïs, supérieure des ursulines, demandant l'autorisation de recevoir des pensionnaires (26-28 mars 1792). — (76) Lettre de la supérieure des ursulines, demandant main-forte à la municipalité (9 avril 1792). — (77) Supplique de la supérieure des ursulines contre la suppression de cette communauté (17 avril 1792). — (78) Protestation de la supérieure des ursulines contre le décret de l'Assemblée nationale (6 juillet 1792). — (79) Minute de l'inventaire du mobilier du couvent de Ste-Anne (25 septembre 1792). — (80) Expédition de l'inventaire du mobilier des ursulines du couvent de Ste-Anne (25 septembre 1792). — (81) Etat des quartiers de pensions des ci-devant ursulines de Ste-Anne (2 juillet 1793). — (82) Etat des revenus de la marmite des pauvres (9 floréal an V).

Série Q

ASSISTANCE PUBLIQUE

L. 140. (**Q. 1.**) — Liasse, 37 pièces numérotées de 1 à 37.

1792-an VII. — Hôpital général (hôpital St-Yves). — (1) Mémoire établissant que l'hôpital général doit son origine aux bienfaits des Malouins, cahier de 8 feuillets (2 février 1792).— (2) Lettre tendant à obtenir, pour l'hôpital général, le maintien du droit exclusif de vendre de la viande pendant le carême (2 février 1792). — (3) Deux copies de la délibération du district de St-Servan tendant à la nomination de deux aumôniers à l'hôpital général, après l'arrestation de MM. Sevin et Orange, ci-devant aumôniers (11 juin 1792). — (4) Délibération du Conseil municipal de St-Servan prescrivant l'inventaire de l'hôpital St-Yves (hôpital général) (12 juin 1792). — (5) Délibération du bureau de l'hôpital St-Yves relative à la retraite allouée au sieur Bastien, prêtre (28 juin 1872). — (6) Etat des fondations pieuses à desservir en l'église de l'hôpital général (date présumée, 1793). — (7) Secours accordé à l'hôpital général pour les enfants trouvés (31 mai 1793). — (8) Lettre relative aux taxes des contributions de l'hôpital général (29 juillet 1793). — (9) Requête des citoyennes veuve Bailly et veuve Garnier pour obtenir le paiement des gages qui leur sont dûs comme économes de l'hôpital général (an II). — (10) Correspondance relative aux personnes enfermées à l'hospice national de Port-Solidor (ex-hôpital général) (an II). — (11) Procès-verbal et arrêt concernant une personne présumée folle (an II). — (12) Extrait du règlement de l'hôpital St-Yves (an II). — (13) Remplacement des sœurs de l'hôpital général (18 pluviôse an II). — (14) Procès-verbaux de visite et arrestation des sœurs de l'hospice St-Yves ; plusieurs sœurs refusent le serment, « préférant être guillotinées ». Installation des nouvelles économes (1-6 ventôse an II). — (15) Lettre de l'économe de l'hôpital général demandant une augmentation de personnel (15 ventôse an II). — (16) Visite à l'hôpital général à la suite de plaintes de l'économe contre les pensionnaires qui complotent et désobéissent (16 ventôse an II). — (17) Lettre de l'économe de l'hôpital général pour faire sortir deux tapageurs nocturnes (18 ventôse an II). — (18) Plainte de l'économe de l'hôpital général au sujet du percement d'un mur et visite à cette occasion, 2 pièces (18 ventôse an II). — (19) Protestation contre le projet d'utilisation des greniers de l'hospice pour y loger des fourrages (14 germinal an II). — (20) Délibération du district autorisant l'abattage d'arbres à l'hôpital général pour le chauffage (15 germinal an II). — (21) Lettre de l'économe de l'hôpital général au sujet d'une religieuse supposée folle à tort (18 germinal an II). — (22) Lettre de la citoyenne Moullin, directrice de l'hôpital général demandant des visites et un règlement pour l'établissement (19 germinal an II).— (23) Visite à l'hôpital général (suite à la demande du 19 germinal). — (24) Lettre de l'économe de l'hôpital général demandant des vivres (6 floréal an II). — (25) Lettre de l'économe de l'hôpital général pour faire sortir de cet établissement deux enfants teigneux (6 messidor an II). — (26) Placement de deux orphelins à l'hôpital général (20 messidor an II). — (27) Lettre réclamant des réparations à l'hôpital général (24 messidor an II). — (28) Demande d'un baril de riz à la municipalité par l'économe de l'hôpital général (21 fructidor an II). — (29) Acceptation de la comptabilité de l'hospice national par M. Dupuy Fromy (1er vendémiaire an III).— (30) Levée des scellés apposés sur une armoire appartenant à une nommée Marie Gautier et restitution de l'argent y contenu (16 brumaire an III). — (31) Exposé de la disette qui règne à l'hôpital général (5 pluviôse an IV). — (32) Allocation par le gouvernement à l'hôpital général pour soulager la misère (8 floréal an IV). — (33) Les administrateurs de l'hôpital se disent déterminés à démissionner si on ne leur accorde pas de secours (9 prairial an IV). — (34) Démission des administrateurs de l'hôpital général en raison de la situation dans laquelle ils se trouvent par la famine faute de secours (12 prairial an IV). — (35) Refus du payeur de verser aucun secours « ayant, — dit-il, — ordre de ne tenir aucun compte de l'arrêté qui en accorde » (25 prairial an IV).— (36) Adjudication de la fourniture des viandes pour l'hôpital général à raison de six sous et demi la livre (29 prairial an VI). — (37) Etat des revenus et dépenses de l'hôpital général (5 prairial an VII).

LL. 141. **(Q. 2.)** — Liasse, 34 pièces, numérotées de 38 à 71.

1787 - an VII. — Hôtel-Dieu. — (38) Donation, par le marquis Goret de la Ville-Pépin, doyen de la cathédrale, de la somme de 18.000 livres à l'hôpital St-Sauveur (3 février 1787). — (39) Lettre de M. J.-B. Cahier, ministre de l'intérieur, relative à un secours sollicité pour l'Hôtel-Dieu (16 mars 1792). — (40) Etat des revenus de l'hôpital St-Sauveur (25 août 1792). — (41) Lettre des administrateurs de l'hospice de St-Malo au sujet des fonds promis par le ministre pour son entretien (8 août 1793). — (42) Transport de prisonniers malades à l'Hôtel-Dieu (10 pluviôse an II). — (43) Installation des économes de l'Hôtel-Dieu (24 pluviôse an II).— (44) Installation de la citoyenne Douarin, économe de l'hôpital de Santé (27 pluviôse an II). — (45) Lettre relative au personnel de l'Hôtel-Dieu (29 pluviôse an II). — (46) Lettre au sujet du remboursement d'une somme de 25.000 livres par l'Hôtel-Dieu (4 ventôse an II). — (47) Proposition d'un fournier pour l'hôpital (5 ventôse an II). — (48) Procès-verbal de l'inventaire de l'armoire des archives de l'hôpital (5 ventôse an II). — (49) Lettre de M. Dessaudrais-Sebire, administrateur de l'hospice, pour demander avis à la municipalité au sujet de la comptabilité de l'Hôtel-Dieu (7 ventôse an II). — (50) Nomination d'un apothicaire à l'hôpital (15 germinal an II). — (51) Installation de Godard, apothicaire-major de l'Hôtel-Dieu (17 germinal an II). — (52) Révocation de la citoyenne Douarin, économe de l'hôpital de santé (9-10 germinal an II). — (53) Affectation de la maison des sœurs grises à usage de refuge pour les filles enceintes (24 floréal an II). — (54) Billet de la commission de santé pour le transport à l'hôpital de quelques prisonniers (2 prairial an II).— (55) Capital de 30.000 livres légué précédemment à la maison de charité, transporté à l'hospice (29 prairial an II). — (56) Organisation d'un bureau de comité de surveillance des hospices militaires (10 messidor an II). — (57) Création d'un emploi d'officier de visite pour inspecter les salles de traitement des marins (14 messidor an II). — (58) Opposition à l'admission des femmes et enfants à l'hôpital militaire (18 fructidor an II). — (59) Requête des sœurs de la Passion à la municipalité pour obtenir leur mobilier (25 fructidor an II). — (60) Réponse relative à l'admission des femmes dans l'hospice (1er vendémiaire an III). — (61) Procès-verbal de *délivrement* (*sic*) des hardes et linge appartenant aux ci-devant sœurs de l'Hôtel-Dieu (3 vendémiaire an III). — (62) Lettre relative à la surveillance à exercer sur les hospices (8 vendémiaire an III). — (63) Le citoyen Brault aîné accepte le poste d'administrateur des hospices de Port-Malo (11 vendémiaire an III). — (64) Suppression définitive de la surveillance militaire en l'hospice de St-Malo (24 vendémiaire an III). — (65) Requête et pièces relatives à des valeurs appartenant à un sieur Aurrace, décédé à l'hôpital, où il était domestique, et mises sous scellés (brumaire an III).—(66) La viande livrée à l'hôpital à raison de 25 sous la livre (11 brumaire an III). — (67) Procès-verbal d'installation des nouvelles économes de l'hospice (17 messidor an III). — (68) Allocation par le département d'Ille-et-Vilaine de 1.200.000 livres à l'administration municipale de Port-Malo et de 600.000 livres à celle de Port-Solidor pour les besoins des hospices (1) (10 germinal an IV). — (69) Demande au sujet de 4 lits à l'Hôtel-Dieu (10 ventôse an V).— (70) Levée des scellés d'une armoire renfermant les titres et papiers concernant les héritages et rentes appartenant à l'hospice de Port-Malo (8 pluviôse an VII). — (71) Etat des revenus et dépenses de l'hospice civil de Port-Malo (5 prairial an VII).

LL. 142. **(Q. 3.)** — Liasse, 19 pièces numérotées de 72 à 90.

1792 - an III. — Assistance, secours aux indigents. — (72) Rapport et projet de décret sur les secours à accorder aux hôpitaux pour 1792 (1792).— (73) Lettre du ministre de l'intérieur relative aux formalités à remplir par les hôpitaux qui ont besoin de secours complémentaires (6 mai 1793). — (74) Lettre de M. Dessaudrais-Sebire, administrateur des hospices, relative aux doutes émis sur son civisme (septembre 1793). — (75) Lettre de Fauchet, secrétaire du conseil exécutif, traitant de

(1) Voir LL. 140, pièces numéros 32, 33, 34 et 35.

secours à accorder à des colons échappés à l'incendie du Cap Français (1) (14 octobre 1793). — (76) Rôle des secours aux indigents (1793). — (77) Ordonnance du comité de salut public pour faire conserver, par les hospices, les vieux linges, bandes et charpie, pour la fabrication du papier, vu son extrême rareté (12 germinal an II).— (78) Lettre de Lefer-Gervinais, envoyant volontairement l'excédent de sa provision de savon (3 floréal an II). — (79) Trait d'inhumanité du citoyen Niorey, commis à l'hospice de Choisy-sur-Seine (15 prairial an II). — (80) Secours aux incendiés du Cap (2) (an II). — (81) Règlement pour la fourniture des vivres aux hôpitaux (25 messidor an II). — (82) Instructions au sujet de la coopération des comités de surveillance dans la répartition des secours (6 thermidor an II). — (83) Ordre de rendre les effets aux sœurs de la Sagesse (16 fructidor an II). — (84) Circulaire de la commission des secours publics (15 vendémiaire an III). — (85) Copie de la lettre de la commission des secours publics (15 vendémiaire an III). — (86) Liste des secours aux vieillards et indigents (1er brumaire an III). — (87) Lettre des administrateurs du District au sujet d'une demande de bois de chauffage au citoyen Lefer, de la Bardoulaye, en faveur des habitants de Port-Malo, qui sont obligés de brûler leurs meubles pour se chauffer (22 nivôse an III). — (88) Souscription en faveur des indigents (23 ventôse an III). — (89) Placement à Paris des sourds-muets de la commune de Port-Malo (24 ventôse an III). — (90) État des secours aux indigents, rôle de paiement (an III).

(1) Voir pièce numéro 80.

(2) Voir pièce numéro 75.

Série R

INSTRUCTION PUBLIQUE & BEAUX-ARTS

I.J.. 143. (**R. 1.**) — Liasse, 9 pièces, numérotées de 1 à 9.

1793-an V. — (1) Pièces relatives aux dépenses de l'ex-école des frères, liasse (1793). — (2) Procès-verbal de la vente des effets mobiliers de l'ex-école des frères de la doctrine chrétienne (1er août 1793). — (3) Extrait du registre des délibérations du Conseil général *montagnard et révolutionnaire* de Port-Malo, sur la question de savoir si l'on doit être découvert lorsque le rideau est levé, au spectacle (19 ventôse an II). — (4) Demande de l'état des écoles primaires dans la commune (12 floréal an II). — (5) Tableau des écoles primaires et des instituteurs de la commune de Port-Malo (21 ventôse an III). — (6) Lettre de Hamon, instituteur, remplaçant les frères ignorantins, au sujet de la revendication de l'immeuble par les propriétaires (7 prairial an IV). — (7) Lettre d'envoi du *catéchisme français* destiné aux écoles (30 vendémiaire an V). — (8) Création d'une société de musique, sous le nom d'Odéum de St-Malo (17 frimaire an V). — (9) Lettre au sujet de l'école d'hydrographie (23 thermidor an V).

Série S

FONDS DIVERS

LL. 144. (**S. 1.**) — Registre cartonné, 40 feuillets écrits.

1792-an IV. — Assemblées primaires. Délibérations de la section du Nord, du 25 novembre 1792 au 13 brumaire an IV. — Le sieur Bertin, garde national, suspendu pendant un an de l'honneur de servir en personne (15 novembre 1792). — Le citoyen Cudenet, nommé juge de paix (26 novembre 1792). — Le citoyen Tréhouart, maintenu dans les fonctions de maire (3 décembre 1792). — Constitution d'un comité de surveillance composé de 12 membres (21 avril 1793). — Le citoyen Tréhouart, nommé adjoint du ministre de la marine, donne sa démission de maire (5 mai 1793). — Nomination du citoyen Perruchot, comme maire (6 mai 1793). — La section du Nord se constitue en permanence (6 juin 1793). — L'assemblée déclare que sa volonté est qu'aucun citoyen de St-Malo ne puisse être enlevé de cette ville et traduit ailleurs que devant ses juges naturels (même date que ci-dessus). — La section de l'Ouest fait connaître qu'elle se propose d'établir, à chaque porte de la ville, une personne chargée d'exercer une surveillance sur tous ceux qui entrent en ville (7 juin 1793). — Teneur d'une lettre au citoyen Lanjuinais, l'assemblée en décide l'impression (1) (8 juin 1793). — Formation d'une compagnie de volontaires (9 juin 1793). — Décision conservant aux volontaires, pour leur retour, les places qu'ils occupent (10 juin 1793). — Etablissement d'un comité central (13 juin 1793). — Copie d'une lettre de Lanjuinais, remerciant de l'adresse qui lui a été envoyée (2) (20 juin 1793). — Le citoyen Tréhouart, adjoint au ministre de la marine, annonce que la jetée qui doit joindre le fort des Rennais (1) au Grand Bey, vient d'être arrêtée et que les fonds nécessaires à cette entreprise ont été remis au ministre (2) (28 juin 1793), etc.

(1) Toutes les signatures apposées à la fin de la délibération ont été soigneusement raturées, et on ne les devine qu'avec difficulté. H.

(2) Voir *supra*, 2 juin 1793. H.

LL. 145 (**S. 2.**) — Registre cartonné. 48 feuillets.

1792-an IV. — Assemblées primaires. Délibérations de la section de l'Est, du 25 novembre 1792 au 13 brumaire an IV. — Réunion de la section dans l'église St-François (25 novembre 1792). — La section se réunit au Ravelin pour la formation d'un comité de surveillance (21 avril 1793). — Prestation de serment des membres du comité de surveillance (22 avril 1793). — La section de l'Est se déclare en permanence (6 juin 1793). — Députation envoyée à St-Servan, pour engager les citoyens à adhérer aux mesures prises par le département (9 juin 1793) — Requête contre les agissements d'un sieur Morillon, commissaire, ou se disant tel, du comité de surveillance (3) même date. — Adresse à la Convention (11 juin 1793). — Lecture d'une lettre du ministre de la marine au sujet du combat soutenu par la frégate *La Sémillante* contre une frégate anglaise de force très supérieure (même date). — Décision d'annuler tous actes et arrêtés pris par le comité, dit central, des sections et par elles-mêmes, pendant leur permanence et de faire brûler solennellement ceux de leurs registres et papiers qu'il ne sera pas utile de conserver, ainsi que le drapeau rouge, « signe et monument de carnage et de désolation » (21 juillet 1793), etc...

(1) Bastion dit Fort la Reine, aux travaux St-Thomas. H.

(2) Ce projet n'a jamais reçu son exécution et fut abandonné plus tard. H.

(3) Il s'agit de Lalligand Morillon, qui fut chargé des perquisitions chez Désilles à la Fosse Bingaut, au sujet de la conspiration de La Rouërie. H.

LL. 146. (S. 3). — Registre cartonné, 33 feuillets écrits.

1792-an IV. — Assemblées primaires. Délibérations de la section de l'Ouest du 25 novembre 1792 au 13 brumaire an IV. — Les délibérations transcrites en ce registre sont la reproduction de celles des sections du Nord et de l'Est. Ainsi que sur le registre de la section du Nord, les signatures apposées à la suite de l'adresse à la Convention ont été soigneusement raturées, mais on trouve, folios 27 et 28, la liste des citoyens qui ont accepté la Constitution : ils sont au nombre de 209.

LL. 147. (S. 4.) — Registre de 121 feuillets

1793. — District. Délibérations des administrateurs du district (ce registre, incomplet et privé de sa couverture, est le 7e; les six premiers des délibérations du district manquent: celui-ci contient les délibérations du 17 avril 1793 au 25 juillet et du 15 au 17 août de la même année, folios 1 à 117 et 142 à 145 ; manquent les folios 118 à 141 inclus et la fin du registre du 17 août 1793 (30 thermidor an I au 15 pluviôse an II). — Précautions pour empêcher les volontaires nationaux casernés au Calvaire, en St-Servan, de descendre par les fenêtres (17 avril 1793). — Arrivée, à St-Malo, du général Chevigné, lieutenant-général de l'armée des côtes (18 avril 1793). — Le citoyen Chifoliau, commissionné médecin de l'armée (id.). — Palissage et blindage du fort de Châteauneuf (19 avril 1793). — Logement pour 300 hommes de troupe au Talard (id.). — Réquisition à la municipalité de St-Servan de fournir 140 paires de draps de lit à la caserne du Calvaire, pour y coucher 280 volontaires provenant du département de la Manche (20 avril 1793). — Réquisitions d'attelages à St-Servan, Plerguer, etc... (22 avril 1793 et suivants). — La journée des malades à l'Hôtel-Dieu portée à 5 francs (id.). — Achat de froment à Dol pour l'armée des côtes (id.). — Convocation d'une assemblée générale à St-Malo pour aviser aux moyens de défense de cette place et des environs (id.). — Règlement relatif à la défense de St-Malo et des environs. Art. 1. Une garnison suffisante sera, sur le champ, envoyée sur les forts La Conchée, les Rimains, l'isle Herbou (1) (*sic*), etc. Art. 3. Démolition de la tour de la Grand'Porte où devront être placés 4 canons de 24... Art. 15. Les trois pièces du Grand-Bey seront portées sur les Ebihens, mais celle de 48 sera portée sur la Hollande et remplacée par une de 36.... (même date). — Translation au château de Solidor de 14 prisonniers détenus au château de St-Malo (id.). — Le citoyen Héron, commandant le cutter *La Sentinelle*, fait rapport qu'il a capturé deux bateaux d'Erquy se rendant à Jersey chargés de prêtres (26 avril 1793). — Les religieuses du couvent de Ste-Anne subissent une retenue de 600 livres sur leur traitement, en raison de ce qu'ayant vendu leur argenterie, elles ne peuvent justifier, faute de livres, du prix qu'elles en ont recueilli (3 mai 1793). — Formation, à Rennes, d'un comité de sûreté générale (4 mai 1793). — Manifestations contre-révolutionnaires à Bécherel et à La Baussaine (6 mai 1793). — Ordre d'arrêter le sieur Poidelou, ci-devant maire de St-Coulomb, qui, ayant été suspendu de ses fonctions, a sollicité le conducteur d'un détachement cantonné dans sa commune, de le faire renommer maire par la force (7 mai 1793). — Décision que les 7.763 livres en numéraire capturées par la corvette *Le Furet* sur les bateaux *Le Jean-Baptiste* et *Le St-Philippe*, seront réparties entre l'équipage de la corvette par les soins de la marine (16 mai 1793). — Affermage des bâtiments de la ci-devant ferme générale des Tabacs (3 juin 1793). — Commission du citoyen Lalligan-Morillon (2) chargé « de se transporter dans les « départements de la Bretagne, à l'effet d'y rechercher « les conspirateurs cachés ou connus de la conspira- « tion bretonne....; il se concertera avec le citoyen « Cavagnac, député de la Convention, membre du « comité de sûreté générale, envoyé dans les départe- « ments où se trouvera le citoyen Morillon.... » (5 juin 1793). — Décision de vendre les voitures des émigrés existant dans les diverses remises, à raison de trois tous les vendredis (4 juillet 1793). — Acceptation de la Constitution (22 juillet 1793), etc....

LL. 148. (S. 5.) — Registre relié parchemin, 193 feuillets.

An II. — District. Délibérations des administrateurs du district, du 15 pluviôse an II au 2 thermidor an II. (Registre en mauvais état). — La pesée des objets, tant en argent qu'en vermeil, provenant « du culte de l'église paroissiale » s'élève : argent simple à 73 m. 2 onc. 1 gr. 1/2 et en argent doré à 152 m. 4 gr. 1/2 (16 pluviôse an II). — Supplément de fixation du maximum (18 pluviôse). — Etat de l'argenterie et cuivre de la paroisse de La Gouesnière (19 pluviôse). — Apposition de scellés chez divers particuliers de la ville, parmi lesquels : Baude de la Vieuville, Duplanty, Gouyon Beaufort, Collin Boishamon, veuve Chateaubriand, etc... (id.) — Inauguration des bustes de Marat

(1) Ile Harbourg. H.

(2) Voir *suprà* LL. 145. H.

et de Pelletier au temple de la Raison (20 pluviôse). — Reproduction de la publication de vente de divers biens nationaux (21 pluviôse). — Arrêté du représentant du peuple Le Carpentier portant défense, sous peine d'être déclaré suspect, à aucun secrétaire greffier des municipalités, de prendre une rétribution quelconque pour la délivrance des certificats (id.) — Les bateaux des ports ne pourront sortir ou rentrer que de jour, sous peine, aux patrons, d'être mis en arrestation (22 pluviôse). — Arrestation de deux femmes de St-Briac pour « manque de respect et avoir « fait tenir attaché et écroué leur père pendant 18 mois « sous un pressoir » (25 pluviôse). — Les églises de Port-Malo, Solidor, Paramé et Cancale, désignées pour recevoir les effets de campement et tous approvisionnements militaires (3 ventôse). — Les communes de Rothéneuf, Cancale, St-Briac, St-Enogat et St-Lunaire, étant dénoncées comme facilitant l'évasion des contre-révolutionnaires et entretenant des intelligences avec les Anglais et les émigrés, les bateaux pêcheurs de ces communes seront désarmés et mis à sec (4 ventôse). — Description d'un registre trouvé chez Désilles à la Fosse-Hingant, appartenant à Mlle Isaru (1) (12 ventôse). Description de l'argenterie de nombreuses églises des communes du district (mêmes dates et suivantes). — Arrestation et incarcération du sr Beaulieu, courrier du général Rossignol, par ordre des représentants du peuple Billaud-Varennes et Ruamps (17 ventôse). — Affectation d'une pièce de terre dite « Fontaine-au-Clerc », appartenant à l'église de Cancale, pour la construction d'une aiguade au lieu dit « La Rigole » en la dite commune (22 ventôse). — Indemnité de 3 livres par jour accordée à chacun des membres composant le comité de surveillance de Port-Malo (17 germinal). — Même indemnité accordée aux membres du comité de Port-Solidor (22 germinal). — Adjudication de travaux d'un revêtement au port près la tour Solidor (23 germinal). — Les saints de bois des églises de Port-Malo, Solidor et Paramé destinés à être brûlés pour chauffer le fourneau du commissaire national pour l'extraction du salpêtre (28 germinal). — Réparation à faire aux 7 chemins qui sont dans la grève, lesquels portent les noms de : Pont de Rocabey, pont de la Grande-Porte, pont aux Laitières, pont du Pot-ès-chiens, pont l'Evêque, pont du Nez, pont du Val (4 floréal). — Mémoire des ouvrages et fournitures faits à la nouvelle maison d'arrêt des hommes, située rue Dasfeld (sic) (18 floréal). — Commission au citoyen Renoul, pour faire, dans l'étendue des districts de Dol et de Port-Malo, des recherches dans le but de découvrir des mines de charbon, de terre glaise, marne, soufre, etc. (24 floréal). — Secours aux familles des défenseurs de la patrie (29 floréal). — Projet d'un cimetière pour les communes de Solidor, sur un terrain dépendant de la métairie du grand Poncel (13 prairial). — Fête de l'Eternel (20 prairial an II) etc...

(1) Perquisition faite par Lalligand-Morillon pour rechercher les papiers de la Rouërie qu'on supposait enfouis dans la propriété de Désilles. B.

LL. 149. (S. 6.) — Registre relié parchemin, 241 feuillets.

An II - an III. — District. — Délibérations des administrateurs du district, du 3 thermidor an II au 3 nivôse an III. — Nombreuses publications de vente de biens d'émigrés (dates diverses). — Ordonnance pour « enfouir profondément en terre » les animaux crevés (6 thermidor an II). — Paiement de 13 livres 15 sols au citoyen Raffray, qui a abattu et effacé les armoiries qui subsistaient sur la maison de feu Levêque La Souctière, sise rue des Jeunes Rennais (1) (8 thermidor). — Les parchemins provenant des églises, maisons religieuses, etc., seront employés à faire des gargousses (12 thermidor). — Le citoyen Amy, horloger, mis en état d'arrestation, attendu qu'on a trouvé, dans son jardin, une grande quantité de numéraire or et argent, vases sacrés et médailles contre-révolutionnaires (17 thermidor). — Départ du représentant du peuple Le Carpentier (25 thermidor). — Etablissement d'une cale à Dinard (28 thermidor). — Assassinat des citoyens Vasse et Robert, membres du Conseil général de Coulomb-Rocher (30 thermidor). — Arrivée des représentants du peuple Trehouart et Lyon (6 fructidor an II). — Arrivée du représentant du peuple Faure (9 fructidor). — Perquisitions dans les communes de Paramé, Coulomb-Rocher, Cancale, Miniac, Châteauneuf, Port-Suliac, Port-Briac et Père-Marc-en-Poulet relativement aux Brigands (17 fructidor). — Repavage de la chaussée du Sillon (id.) — Mise en état de défense de la ville, en raison de ce que la flotte anglaise doit paraître incessamment (19 fructidor). — Nombreuses arrestations de personnes suspectes (dates diverses). — Liste de 28 jurés (22 fructidor). — Inventaire et vente des meubles de la maison de Saineville (2e jour complémentaire an II). — Mise en liberté du citoyen Hermon, ci-devant curé de Port-Briac, lequel avait été détenu au Mont-Michel par ordre de Le Carpentier (3 vendémiaire an III). — Liste des

(1) Rue Feydeau. H.

membres proposés pour composer le comité de surveillance (12 vendémiaire). — Etat des dépenses de l'administration du district de Port-Malo, s'élevant à la somme totale de 124.150 livres (24 vendémiaire). — Paiement de 800 livres pour fourniture et façon de la guillotine (26 vendémiaire). — Nomination des membres devant composer le comité de surveillance (27 vendémiaire). — Désignation des points où doivent être établis les signaux de correspondance de Brest à Paris (22 brumaire). — Tableau du prix des grains (2 frimaire an III) etc...

L.L. 150 (**S. 7.**) — Registre relié parchemin, 308 feuillets

An III-an IV. — District. Délibérations des administrateurs du district du 4 nivôse an III au 18 brumaire an IV. — Proclamation des administrateurs du district, relative au retard qu'éprouvent les communes à recevoir leurs lettres et paquets ; à l'effet de remédier à cet état de choses, il sera établi dans chaque canton un commissionnaire chargé du transport et de la remise immédiate de ces paquets (18 nivôse an III). — Nomination d'un archiviste du district aux appointements de dix-huit cents livres, pour mettre en ordre les papiers provenant des émigrés et déportés (25 nivôse). — Tableau des membres composant le Conseil général de la commune de Port Solidor (26 nivôse). — Instructions relatives à la circulation des denrées par suite de la suppression du maximum (27 nivôse). — La maison Locquet de Granville, affectée au logement des représentants du peuple (4 pluviôse an III). — Descente faite par les membres de l'administration à la poste, pour y saisir et examiner des lettres à l'adresse de personnes suppliciées et émigrées (5 pluviôse). — Tableau pour l'organisation des écoles primaires (7 pluviôse). — Nombreux secours aux familles des défenseurs de la patrie (dates diverses). — Mise en liberté définitive des détenus, tant en cette commune qu'en celle de Port Solidor (17 pluviôse). — Liste des citoyens composant la garde territoriale du district (26 pluviôse). — Le receveur des contributions foncières et mobilières de St-Enogat autorisé à percevoir un sol par livre pour son traitement (29 pluviôse). — Le citoyen Jouanjan père est nommé commissaire civil des gardes territoriales du district (4 ventôse an III). — Fixation du prix des foins et pailles (11 ventôse). — Les chouans embusqués sur les routes de Lamballe et St-Brieuc désarmant les personnes qu'ils rencontrent, la chaîne des forçats à destination de Brest, au lieu de suivre la grande route, s'embarquera sur le navire *Le Désiré* et sera provisoirement logée dans la ci-devant église St-Sauveur (17 ventôse). — Suppression des comités révolutionnaires de Port-Malo et de Solidor (28 ventôse). — Liste des ex-religieuses auxquelles il est alloué une indemnité pour le temps qu'elles ont été emprisonnées, 40 sols par jour, (28 ventôse et 2 germinal). — Prix courant des grains, vin, cidre, eau-de-vie, bœuf, lard, etc. (5 germinal an III). — Nombreuses listes de biens d'émigrés mis en vente (dates diverses). — La ci-devant église de l'hôpital général à Port-Solidor réaffectée à l'exercice du culte (29 germinal). — Nombreuses réaffectations d'églises (dates diverses), entr'autres de l'église St-Sauveur. — Exécution de la loi du 21 germinal an III concernant le désarmement, et tableau des citoyens désarmés avec indication des motifs (28 floréal an III). — Paiement de 318 livres à la veuve Gernot, qui avait été constituée gardienne de la ci-devant église cathédrale (4 prairial an III). — Surveillance à exercer à l'égard des terroristes désarmés (11 prairial). — Recensement des grains dans les communes du district (12 prairial). — Adresse aux municipalités du district pour les informer que le libre exercice du culte est autorisé (22 prairial). — Avis de la création d'une école centrale à Rennes (27 prairial). — Conspiration formée à St-Malo pour s'emparer de la ville (messidor an III). — Proclamation relative au complot du 21 messidor (26 messidor). — Avis de la victoire remportée sur les émigrés et les chouans à Quiberon (6 thermidor). — Procès-verbal des faits relatifs à la conspiration de messidor (8 thermidor). — Prescriptions aux fins de surveillance des étrangers et particulièrement aux travestis en marchands de toile (18 thermidor). — Procès-verbal constatant que le registre des délibérations du ci-devant comité révolutionnaire, où se trouve un arrêté portant les signatures de tous les membres dudit comité, a disparu (14 vendémiaire an IV). — Etat des matières d'or et d'argent envoyées à Paris provenant des diverses communes du district (14 brumaire an IV), etc...

L.L. 151. (**S. 8.**) — Registre broché, 85 feuillets écrits

An II. — Comité de surveillance. Délibérations du 16 germinal au 30 fructidor an II. — Demande de renseignements clairs et précis sur l'arrêté interprétatif du décret du 27 germinal, qui désigne les départements où les nobles et étrangers résidant à Paris ne pourront fixer leur résidence ; ceux qui résident habituellement dans nos murs seront tenus de se retirer dans les communes de l'intérieur qui n'avoisinent pas les côtes maritimes, mais ceux qui font valoir leurs terres par eux-mêmes, la loi ne les concerne pas, pourvu que leurs propriétés ne soient pas enclavées dans des communes fortifiées ni adjacentes des frontières (9 floréal). — Réception de tableaux de détenus (5 floréal etc.).— Envoi d'un membre du comité de surveillance à la poste aux lettres pour visiter les lettres et paquets suspects (dates diverses). — Mise en arrestation de deux membres de la commission de commerce et approvisionnement « prévenus de suspicion » (8 messidor). — Décision d'établir une bibliothèque dans la maison de Baude (1) supplicié, laquelle sert actuellement de maison d'arrêt.— Don anonyme de mille livres pour la République (dates diverses). — Nombreux dons d'argent monnayé offerts à la République (dates diverses). — Perquisition et découverte d'argent dans diverses maisons et dans un jardin au Gué (2) à la suite de l'arrestation de marins échappés des prisons de Jersey (8 thermidor). — Le comité apprend que le représentant du peuple Le Carpentier a reçu une proclamation de la Convention annonçant à toute la République la conspiration de Robespierre, Couthon, Saint-Just, Lebas, Henriot (13 thermidor), etc.

LL. 152. (**S. 9.**) — Registre broché, 69 feuillets

An II-an III. — Comité de surveillance. Délibérations du 1er sans-culottide an II au 29 ventôse an III. — On dénonce un individu qui a été vu prendre, dans les environs du Talard, le plan de la poudrière. — Nombreuses mises en liberté de détenus (dates diverses). — Évasions de prisonniers (dates diverses). — Prise d'un navire anglais par la frégate *La Révolutionnaire* ; dilapidation des effets saisis à bord de ce navire ; à cette occasion, le capitaine de la canonnière *La Tempête* se trouve compromis (5 brumaire suite). — Difficultés avec le citoyen Mahé, agent national, au sujet de la salubrité de la maison d'arrêt (14 brumaire).— On veut dresser une liste des citoyens capables de remplir des places tant par leur talent que leur républicanisme. — Liste des membres des diverses autorités constituées à Port-Malo, précédée d'une proclamation du représentant du peuple Boursault (19 brumaire). — En vertu d'un arrêté des représentants du peuple, qui astreint Jeanne-Marie Clémenceau, ex-religieuse, à prêter le serment d'être fidèle à la République française pour obtenir sa liberté, ladite Clémenceau comparaît devant le comité de surveillance et, après avoir entendu lecture dudit arrêté, déclare se soumettre purement et simplement aux lois, mais ne veut pas reconnaître la République française (4 frimaire). — Nombreuses perquisitions chez des suspects. — Saisie de faux assignats (dates diverses), etc.

(1) Baude de la Vieuville, marquis de Châteauneuf. H.

(2) Village près Paramé. H.

LL. 153. (**S. 10.**) — Registre relié parchemin, 127 feuillets.

1789-1793. — Société populaire (1). Délibérations de la société populaire dite chambre patriotique, du 23 novembre 1789 au 6 mai 1793.— Délibération décidant d'appuyer la pétition que les armateurs pour Terre-Neuve et St-Pierre-et-Miquelon présentent à l'Assemblée nationale, dans le but d'obtenir la continuation de la prime qui leur avait été accordée pour la pêche de la morue (21 janvier 1791).—Décision prise par les membres de la société de défendre, de leur fortune et de leur sang, tout citoyen qui aurait le courage de se dévouer à la dénonciation des traîtres à la patrie et des conspirateurs contre la liberté (31 janvier). — Sur ce qu'il est parvenu à la société que des ecclésiastiques mal intentionnés se permettent, dans les instructions publiques, des déclarations qui ne peuvent qu'aliéner l'esprit et le cœur des fidèles du respect dû à la loi et altérer la confiance que mérite, à tant de titres, l'auguste Sénat qui regénère la France, la société sentant le désir de redoubler de surveillance dans cette circonstance et de prévenir les desseins perfides du fanatisme, a arrêté que plusieurs de ses membres assisteraient, pendant les troubles actuels, aux prônes, sermons et instructions, pour, sur leurs observations, être prises telles mesures qui paraîtront les plus convenables (id.). — Demande d'affiliation par les sociétés de Dinan et Moncontour (6 mai 1791). — Location de la maison de la Croix-du-Fief pour y tenir les assemblées de la société (6 juin). — Nombreuses admissions de membres (dates diverses). — Entrée dans la société de Mgr Le Coz, évêque métropolitain du Nord-Ouest (7 juillet et suivants). — Décision que les séances de la société seront publiques (15 juillet 1791). — Les amidonniers sont dénoncés comme accaparant le sursas (2) et empêchant par là les boulangers de faire du pain de 3e qualité qui est, en quelque sorte, le seul aliment du pauvre (19 août).—

(1) Cette société fut dissoute en l'an III, voyez à ce sujet LL. 30, 31, 32 et 104 pièce n° 103 et autres. H.

(2) Expression qui désigne la farine restée dans le sas après le tamisage effectué pour l'obtention de la fleur et fine fleur de farine. H.

Le 28 septembre 1792, le président de la société donne lecture d'une lettre du citoyen Hargon, membre, alors aux frontières, demandant un parrain pour l'enfant qu'il attend. La société délibère quelques jours plus tard et décide que, si c'est un garçon, il sera nommé Jean-Jacques et, si c'est une fille, elle s'appellera Victoire; Mlle Moullin est choisie pour être marraine. — Le 5 novembre, le président rend compte à la société de la cérémonie relative au baptême de l'enfant du frère Hargon; il fixe surtout l'attention de l'assemblée sur la manière « honnête et grande » dont lui et les commissaires chargés de l'accompagner avaient été reçus par la mère de l'enfant, qui, conformément à l'arrêté pris par la société, a été nommé VICTOIRE-CAROLINE. Il fait également part des soins multiples que le citoyen Moullin et son épouse se sont donnés pour cette cérémonie et dépose sur le bureau un portefeuille de satin brodé dont Julie Moullin, la marraine, lui a fait présent, ajoutant qu'il a reçu, en outre, une paire de gants et une cocarde et que chaque commissaire a eu, également, une cocarde (1), etc.

LL. 154. (**S. 11.**) — Registre cartonné composé de deux cahiers, l'un de 23, l'autre de 26 feuillets.

1793. — Société populaire. Minute des délibérations du 6 mars au 30 août 1793 (1er cahier) et du 2 septembre au 3 octobre 1793 (2e cahier). — Délibérations relatives à la question de la suppression de la course (8 avril); Tréhouart dit que, si la course est autorisée contre les villes hanséatiques, alors les mers du nord nous seront absolument fermées et nous ne pourrons nulle part trouver nos approvisionnements en grains. Bonnissant répond que la Convention nationale ayant déclaré la guerre aux villes de Brême, Lubex (2) et Hambourg, nous ne pouvons pas espérer d'y faire, dorénavant, des marchés en blés; que, d'ailleurs, le roi de Prusse et l'empereur ont entraîné ces villes dans leur coalition et que, si nous supprimons la course relativement à elles, il en résultera que le commerce de nos ennemis n'en souffrira pas et que le nôtre, seul, sera anéanti. Un des secrétaires donne lecture d'une lettre adressée par un négociant de Lubex au citoyen Louis Blaize, lettre relative au décret qui leur déclare la guerre; le négociant de Lubex assure que les villes hanséatiques n'ont aucun tort envers nous, qu'elles ont toujours conservé à notre égard des « sentiments bénévols » et il réclame, pour la ville, protection et fraternité. La Société populaire arrête qu'elle se bornera, pour le moment, à écrire au ministre de la marine en lui faisant part de ses observations sur le décret qui supprime la course à l'égard des villes hanséatiques. — Nombreuses admissions de membres. — Dons patriotiques (dates diverses). — Le citoyen Bonnissant donne lecture d'une lettre de Quiberon annonçant la prise d'un navire américain chargé de tabacs sous lesquels il y avait des fusils et trois millions en argent, ainsi que d'une autre lettre annonçant de grands avantages remportés sur les rebelles de la Vendée (7 septembre 1793). — Scrutins « épuratoires », à la suite desquels sont reçus membres les citoyens Le Coq, Jouanjan, Blaize, Le Roux, Proust, etc. (octobre 1793). — Sur la demande d'un membre, la Société décide d'envoyer au comité de salut public une adresse tendant à l'établissement, dans les communes, de sociétés populaires chargées d'instruire les citoyens des campagnes sur les heureux et avantageux effets de la Révolution (id). etc...

(1) Nous avons publié une relation de ce fait dans *La Côte d'Émeraude* du 26 mai 1906. H.

(2) Il s'agit de Lubeck, alors port libre, situé au fond d'une anse de la Baltique. H.

LL. 155. (**S. 12.**) — Registre relié parchemin, 125 feuillets écrits.

An II. — Société populaire. — Délibérations du 1er brumaire au 29 germinal an II. — Adresse à la Convention pour la suppression des aumôniers dans les bataillons (folio 3). — Il est donné connaissance que, faute de fonds, les trésoriers de la paroisse ne peuvent faire graver sur le devant de l'église, selon la proposition faite, « A Dieu et à la Patrie » (id.) — Décisions : de détruire les colombiers qui sont un vestige de l'esclavage; de brûler les drapeaux qui sont dans l'église « et qui ne sont pas aux trois couleurs », réservant de conserver les piques sur lesquels ils sont attachés; auto-da-fé de tableaux, titres et pièces diverses (folio 9). — Proposition, par le citoyen Julien, de changer le nom de la porte St-Vincent en celui de « *porte des sans-culottes* » et celui de St-Thomas en celui de « *La Montagne* » et que l'on fasse graver sur les portes de la ville le nom de *commune montagnarde* et que la commune de St-Malo change son nom en celui de *Victoire* lorsque les brigands seront vaincus; le citoyen Mahé propose de faire mettre sur les portes de Dinan et de la Grande-Porte, les *vers* suivants :

« Les brigands et les despotes,
N'entreront que lorsqu'il n'y aura plus de sans-culottes ».

(21 brumaire an II). — Création d'un bataillon dit « Espoir de la patrie » qui sera composé de jeunes citoyens

de huit à quinze ans (23 brumaire). — Les jeunes citoyennes non mariées font serment de ne s'unir qu'à de vrais républicains (id.). — Décision prise par la Société de ne plus recevoir aucune dénonciation sans qu'elle soit motivée et signée du dénonciateur (25 brumaire).— Arrêté de dissolution de la société patriotique et nomination d'un comité pour sa recomposition (26 nivôse). — Réorganisation de la société sous le nom de « Société montagnarde et régénérée de Port-Malo » (27 nivôse an II). — Liste des membres sursis et exclus de la société (28 nivôse et suivants). — Intéressant épisode de la guerre de Vendée, ayant trait au dévouement d'une jeune fille de Livré (Mayenne), nommée Moraille Angélique, qui recueillit et sauva un canonnier du nom de Belleperche, laissé pour mort par les Vendéens, après avoir été fusillé avec quinze de ses compagnons [1] (18 pluviôse), etc...

LL. 156. (**S. 13.**) — Registre relié parchemin ; 93 feuillets papier.

1789-1792. — Société populaire dite « Chambre patriotique ». Copies des lettres du 3 décembre 1789 au 22 avril 1792. Au 1er feuillet se trouve la liste des ouvrages que possédait la société. — Lettre à M. Bodinier, député, l'informant que les commerçants, délibérant sur la question de savoir si, dans le cas où St-Malo ne deviendrait pas chef-lieu de département, il conviendrait de dépendre de Rennes ou de St-Brieuc, il a été décidé, par 54 voix contre 21, d'opter pour Rennes ; St-Servan a émis le même vœu (29 décembre 1789). — Lettre à Camille Desmoulins pour demander l'affiliation de la chambre patriotique de St-Malo à la société patriotique de Paris (23 mars 1790). — Lettres relatives aux scènes sanglantes qui se sont déroulées à Nancy après la révolte où André Désilles trouva la mort [2] (24 octobre). — Lettre de félicitations à Barnave, à l'occasion de sa nomination à la présidence de l'Assemblée nationale [3] (2 novembre). — Intéressante lettre aux « Amis de la Constitution » à Paris pour recommander une pétition des commerçants en faveur de la protection à accorder au commerce de la morue [4] (23 janvier 1791). — Lettre de félicitations à Tréhouart nommé ministre de la marine [5] (22 mai). — Lettre et adresse relatives à l'enlèvement du roi (25 juin). — Lettre aux « Amis de la Constitution » à la suite de la fuite de Louis XVI et de l'arrestation à Varennes (6 juillet). — Lettre aux Jacobins, relative aux signes dont seront revêtus les lettres et paquets provenant de cette société ; (en marge de cette lettre, se trouve la mention suivante : « Le signe de reconnaissance pour « les paquets ou lettres venant des Jacobins sont les « initiales ci-après : S. D. J. » (*sic*) (6 août). — Lettre aux Feuillants au sujet des plaintes portées contre la chambre patriotique ; dans cette lettre se trouve la phrase remarquable ci-après : « Il règne dans notre « ville une aristocratie non pas nobliaire, mais des « richesses, et nous qui pesons nos personnes et pour « ainsi dire nos sentiments et non nos écus, nous « l'avons frondée cette métallique aristocratie ; aussi, « trouvons-nous dans plusieurs de ceux qui dominaient « jadis directement ou indirectement dans notre « orgueilleuse cité, des ennemis d'autant plus irréconciliables qu'ils savent que nous ne les admetterions « (*sic*) pas dans notre société, parce qu'ils y apporteraient un esprit de domination dangereux en raison « des moyens et du crédit qu'enfante l'opulence. » (3 septembre), etc...

(1) Voir notice introductive p. VII et VIII.
(2) Voyez *suprà* LL. 90.
(3) Publiée dans la « Côte d'Emeraude » le 22-23 septembre 1906. H.
(4) Voyez *suprà* LL. 70, pièce n° 4.
(5) Publiée par la « Revue d'Aleth » d'août 1906. H.

LL. 157. (**S. 14.**) — Registre relié parchemin ; 50 feuillets écrits.

1792-an II. — Société populaire. — Copies des lettres, de mai 1792 au 21 floréal an II. — Au commencement de ce registre se trouve une pétition des habitants de St-Malo demandant la démolition des tours du château « Quic en groigne » et « La Générale » ainsi que la courtine, et la copie d'une lettre d'envoi de ladite pétition aux « Amis de la Constitution » à Paris, en date de « may 1792 ». — Adresse au roi pour l'inviter à lever son *veto* au sujet de l'établissement d'un camp de 20.000 hommes près Paris (26 juin). — Correspondance relative à la destitution du commandant de la corvette « Le Furet » et protestation contre cette destitution (7 février et autres). — Lettre adressée à Carrier lui signalant que les navires destinés à protéger les bateaux marchands sont impropres à ce service et que l'acquisition de ces bâtiments par l'Etat est le résultat d'une intrigue (f° 24 v°). — Le citoyen Najac, ordonnateur de la marine, désigné comme pouvant aider de ses conseils pour éviter toutes maladresses, est destitué. Protestations à ce sujet (octobre 1793). — Lettres diverses relatives à l'affaire Moraille-Belleperche [1] (f° 36 et suivants). — Lettre à

(1) Voyez *suprà* LL. 155.

Chaumont représentant : (11 floréal an II) «..... nous « avons célébré hier, ici, après la fête de la Raison, « celle de la Fraternité ; tous nos républicains ont fait, « sur le jardin de la commune, un repas frugal auquel « chaque citoyen a apporté ce qu'il avait pour dîner « chez lui. La nature a fait à peu près seule les prépa- « ratifs de la fête, l'amitié a présidé à tous les petits « détails. Ton cœur te le rendra mieux que nos expres- « sions : ton collègue Le Carpentier s'est mêlé dans « tous les groupes, la joie la plus pure animait tous les « braves sans-culottes, on s'est embrassé, on a beau- « coup dansé et surtout crié sans cesse : Vive la Répu- « blique, vive la Convention nationale », etc...

LL. 158. (**S. 15.**) — Registre relié carton 147 feuillets.

1790-1792. — Justice de paix. Procès-verbaux de conciliation et non-conciliation devant le bureau de paix, du 31 décembre 1790 au 6 août 1792.

LL. 159. (**S. 16.**) — Registre relié parchemin 150 feuillets.

1792-an III. — Procès-verbaux de conciliation et non-conciliation.

LL. 160. (**S. 17.**) — Registre relié parchemin 41 feuillets.

An III-an IV. — Procès verbaux de conciliation et non-conciliation.

LL. 161. (**S. 18.**) — Liasse, 11 pièces numérotées de 1 à 11.

1790-an VI. — Autographes. Lettres du citoyen Bodinier, député à l'Assemblée. — (1) Lettre en date à Paris du 4 janvier 1790 ; — (2) au sujet de la séparation de St-Malo et St-Servan (3 février 1790) ; — (3) même sujet (31 mars 1790) ; — (4) au sujet de l'acquisition des biens ecclésiastiques et nationaux (10 mai 1790) ; — (5) même sujet (15 mai 1790) ; — (6) même sujet (22 mai 1790) ; — (7) au sujet des armements de l'Angleterre (26 juin 1790) ; — (8) annonçant avoir souscrit pour le tableau représentant le dévouement de Désilles [1] (13 octobre 1790) ; — (9) au sujet de l'acquisition du Montmarin par l'Etat (3 septembre 1792) ; — (10) au sujet de la création d'un port national (5 septembre 1792) ; — (11) au sujet de la révocation des administrateurs de la ville « inculpés de roïalisme » (25 nivôse an VI).

(1) Voyez *suprà* LL. 90.

LL. 162 (**S. 19.**). — Liasse, 3 pièces numérotées de 12 à 14.

An III. — Lettres de Boursault, représentant du peuple. — (12) Arrêté de remplacement d'un substitut d'agent national (14 pluviôse an III). — (13) Copie d'une lettre contenant arrêté de nomination d'un juge de paix (17 pluviôse an III). — (14) Arrêté de nomination d'officiers de gardes nationaux (17 pluviôse an III).

LL. 163 (**S. 20.**) — Liasse, 4 pièces numérotées de 15 à 18

1793. — Signatures autographes de Lazare Carnot, C. Prieur, Prieur (de la Marne), Hérault, St-Just, Collot d'Herbois et Billaud-Varenne. — (15) Lettre signée de L. Carnot, C. A. Prieur, Hérault et Prieur (de la Marne), relative à la défense de laisser sortir toute espèce de comestibles (27 août 1793). — (16) Lettre signée de Carnot (Lazare) et de Prieur (de la Marne) membres du comité de salut public ; (accusé de réception) (20 septembre 1793). — (17) Accusé de réception signé de Collot d'Herbois, Billaud-Varenne et Carnot (30 septembre 1793). — (18) Lettre de renvoi de pièces, signée de Collot d'Herbois et St-Just (10 octobre 1793).

LL. 164 (**S. 21**). — Liasse, 41 pièces numérotées de 19 à 59.

1791-an III. — Lettres autographes de Chaumont, notaire et procureur, député à la Convention. — (19) Lettre adressée à Louvel, maire de Saint-Malo, par Chaumont qui l'appelle « mon cher papa » et lui annonce la nomination d'un desservant à Paramé (6 août 1791). — (20) Lettre au sujet d'un rapport sur les projets des émigrés (8 octobre 1792). — (21) Lettre au sujet des prétentions de St-Servan (13 octobre 1792). — (22) Lettre au sujet de l'artillerie (15 octobre 1792). — (23) Autre lettre sur le même sujet (16 octobre 1792). — (24) Lettre au sujet de la garnison de St-Malo (22 octobre 1792). — (25) Lettre au sujet des revendications de St-Servan (25 octobre 1792). — (26) Lettre au sujet de la translation du tribunal du district (28 octobre 1792). — (27) Lettre sur le même sujet (10 novembre 1792). — (28) Lettre à la municipalité (1er décembre 1792). — (29) Lettre au sujet du voyage de Tréhouart à Paris (12 décembre 1792). — (30) Lettre relative à un dépôt de

« bled » à St-Malo (7 décembre 1792). — (31) Lettre au sujet de l'insertion d'une adresse dans le *Moniteur* (6 janvier 1793).— (32) Lettre informant qu'une adresse de St-Malo a été lue à la Convention (11 janvier 1793).— (33) Lettre informant d'une échauffourée au palais de la Révolution, *ci-devant* Palais Royal (4 février 1793).— (34) Lettre relative à des critiques formulées contre Chaumont (15 février 1793). — (35) Lettre informant de la déclaration de guerre à l'Espagne et de l'élection de Gensonné comme président à la Convention (4 mars 1793). — (36) Lettre au sujet de la méthode à suivre pour l'envoi des plis et paquets (30 avril 1793). — (37) Lettre traitant d'affaires diverses (8 mai 1793). — (38) Lettre par laquelle Chaumont exprime sa surprise du résultat des élections de la section du Nord à St-Malo (11 mai 1793). — (39) Lettre au sujet de la nomination du citoyen Perruchot comme maire (18 mai 1793).—(40) Lettre au sujet de la nomination d'un commissaire des guerres (23 mai 1793). — (41) Lettre au sujet de l'épée d'honneur offerte à Tréhouart (7 juin 1793). — (42) Lettre de Chaumont au sujet des calomnies répandues contre lui (28 juin 1793) (1). — (43) Lettre de Chaumont portant profession de foi (5 juillet 1793). — (44) Lettre ayant trait aux sommes dûes à l'Hôtel-Dieu(8 juillet 1793). — (45) Lettre au sujet de l'acceptation, par la ville de St-Malo, de l'acte constitutionnel (23 juillet 1793).— (46) Lettre recommandant de surveiller ceux qui font passer des fonds en Angleterre (15 septembre 1793). — (47) Lettre au sujet de la remise à la nation des croix de St-Louis (22e jour an II) (2). — (48) Lettre au sujet des créances des Malouins sur l'Etat (24 frimaire an II). — (49) Lettre au sujet d'une demande de subsistances (27 frimaire an II). — (50) Lettre de Chaumont au sujet des placards trouvés chez Désilles et annonçant l'exécution de Marmel, du général Brunet et quelques autres (25 brumaire an II). — (51) Autographe de Chaumont qui se plaint que les lettres qu'il reçoit sont datées, tantôt de St-Malo, tantôt de Port-Malo, La Victoire, l'Isle Malouine, etc. et qu'il ne sait ce que cela veut dire (17 nivôse an II). — (52) Lettre autographe annonçant l'exécution de Danton, Lacroix, Camille Desmoulins, Chabot, etc. (18 germinal an II) (3). — (53) Lettre au sujet des subsistances (2 prairial an II). — (54) Lettre annonçant qu'un attentat a été perpétré contre Robespierre et Collot d'Herbois (6 prairial an II). — (55) Lettre au sujet des subsistances (28 prairial an II). — (56) Lettre sur le même sujet (30 brumaire an III).—

(1) Voir *infra* LL. 171, pièce 152.
(2) 22 vendémiaire an II (13 octobre 1793).
(3) Publiée par nous dans *La Côte d'Emeraude* le 24 mars 1906. H.

(57) Lettre au sujet de la nomination des citoyens chargés d'étudier les questions intéressant la marine (frimaire an III). — (58) Lettre relative à l'exode des habitants (21 frimaire an III). — (59) Lettre au sujet de l'adresse envoyée par la ville à la Convention (1er nivôse an III).

LL. 165. (**S. 22.**) — Liasse, 10 pièces numérotées de 60 à 69.

1790-1793. — Lettres de Desdorides, qui fut le dernier gouverneur du château de St-Malo. — (60) Lettre relative aux prisonniers renfermés au château et demandant un ou plusieurs reverbères pour éclairer la cour (25 octobre 1790). — (61) Lettre annonçant qu'une messe de *Requiem* serait dite à la chapelle du château pour le repos de l'âme de André Désilles (le héros de Nancy) (1) (28 octobre 1790). — (62) Lettre au sujet de l'enlèvement du roi (21 juin 1791). — (63) Autographe par lequel M. Desdorides demande s'il sera tiré du canon le 14 juillet (13 juillet 1791). — (64) Autographe par lequel M. Desdorides s'informe de l'heure de l'arrivée de l'évêque de St-Malo (8 juillet 1791). — (65) Lettre d'adieux de M. Desdorides lorsqu'il cessa d'être lieutenant du roi. (30 juillet 1791). — (66) Lettre de M. Desdorides, nommé commandant à Belle-Isle-en-Mer, pour recommander sa famille à la bienveillance des Malouins (1792). — (67) Attestation des autorités de Belle-Isle en faveur de M. Desdorides (14 février 1792). — (68) Lettre de M. Desdorides pour protester contre les imputations dont il est l'objet (18 février 1792). — (69) Attestation des autorités de Belle-Isle en faveur de M. Desdorides (24 mars 1793).

LL. 166. (**S. 23.**) — Liasse, 3 pièces numérotées de 70 à 72.

1793. — Lettres de MM. Fontan et de la Saudrais, députés, au sujet des subsistances, en date des 11, 13 et 16 novembre 1793.

LL. 167. (**S. 24.**) — Liasse, 3 pièces numérotées de 73 à 75.

1792. — Lettres de Michel de la Morvonnais, député de St-Malo, à l'Assemblée *nationale*. — (73) Lettre ayant trait à la situation précaire de l'hôpital de St-Malo (25 juin 1792). — (74) Lettre au sujet de la solde des

(1) Voyez *supra* LL. 90. 155. 161.

citoyens gardant les ports (3 août 1792). — (75) Lettre ayant trait aux réductions des garnisons (4 septembre 1792).

LL. 168. (**S. 25.**) — Liasse, 11 pièces numérotées de 76 à 86.

1792-1793. — Lettres de Obelin, député à la Convention nationale. — (76) Lettre ayant trait aux travaux accomplis par la Convention (3 octobre 1792). — (77) Lettre signée, en outre, de Chaumont, et ayant trait aux subsistances (17 octobre 1792). — (78) Lettre sur le même sujet (27 octobre 1792). — (79) Lettre au sujet d'un dépôt de grains à St-Malo (5 novembre 1792). — (80) Lettre au sujet du projet de démolition des tours du château de St-Malo (4 décembre 1792). — (81) Lettre au sujet d'un droit d'éclusage et de péage sur la rivière de Rance (19 décembre 1792). — (82) Lettre relative à l'insertion d'une adresse au Moniteur (7 janvier 1793). — (83) Lettre de Obelin dans laquelle il explique les raisons pour lesquelles il approuve le procès de Louis XVI et la condamnation, qu'il eût voulu, cependant, voir ratifier par le peuple, en raison de quoi il a voté le sursis (21 janvier 1793). — (84) Lettre relative au projet de démolition de l'intérieur du château (16 février 1793). — (85) Lettre au sujet des doutes émis sur le républicanisme de la ville (27 mars 1793). — (86) Lettre relative à l'épée d'honneur à offrir à Tréhouart (1) (22 mai 1793).

LL. 169 (**S. 26.**) — Liasse, 9 pièces numérotées de 87 à 95.

1793-an II. — Lettres de Bernard Tréhouart, sieur de Beaulieu, ancien maire de St-Malo, adjoint au ministre de la marine, représentant du peuple à la Convention. — (87) Lettre par laquelle Tréhouart annonce sa nomination comme adjoint au ministre de la marine (22 avril 1793). — (88) Lettre de Tréhouart pour réquisition de 3 chevaux de selle qui lui sont nécessaires pour se rendre au camp de Chateau Richeux (3 frimaire an II). — (89) Lettre pour réquisition de chevaux de poste (8 frimaire an II). — (90) Lettre réclamant un secours en faveur de la veuve d'un défenseur de la patrie (9 frimaire an II). — (91) Lettre d'envoi d'une réquisition (10 frimaire an II). — (92) Lettre enjoignant de nommer une commission militaire pour juger les prisonniers faits sur les rebelles (10 frimaire an II). — (93) Lettre d'avis d'envoi d'un arrêté (15 pluviôse an II). — (94) Lettre de Tréhouart quelques jours après la chute de Robespierre (14 thermidor an II). — (95) Lettre d'envoi de 70 livres, produit d'un bal et destinées au soulagement des indigents (13 fructidor an II).

(1) *Voyez suprà LL 164 pièce n° 41.*

LL. 170. (**S. 27.**) — Liasse, 43 pièces ou plis numérotés de 96 à 138.

1789-an VIII. — Lettres diverses avec autographes, parmi lesquels celui du général Bernadotte qui fut roi de Suède. — (96) Lettre de Pontual de la Villerevault, commandant des maréchaux de France, datée de l'hôtel de Lauzun, rue des Juifs, à St-Malo (25 octobre 1789). — (97) Lettre signée de Meslé de Grandclos, Sebire, etc., députés de St-Malo à Paris lors de la division de la Bretagne en départements (4 janvier 1790). — (98) Lettre de Désilles père, faisant connaître qu'un sieur Le Barbier, peintre du roy et de l'Académie, a été envoyé à Nancy pour y peindre l'affaire où André Désilles trouva la mort (12 janvier 1790). — (99 et 99 bis) Deux lettres de Moreau de St-Mery, député (10 mars et 16 novembre 1790). — (100) Lettre du chevalier de Robien (fils du Robien, comte de Kerambourg, conseiller au Parlement) (1er août 1790). — (101) Lettre signée de St-Priest, garde des sceaux (18 juin 1790). — (102) Lettre des administrateurs du directoire de St-Malo, tendant à la suppression des brochures de protestations envoyées par le comte de Botherel (27 mai 1790). — (103) Lettre de M. de Sombreuil, gouverneur des Invalides (30 mai 1791). — (104 et 104 bis) Deux lettres de Sebire de Beauchêne, commandant le *Dromadaire* (30 janvier et 16 juin 1791). — (105) Lettre de M. Collet, vicaire général de l'évêque constitutionnel du département (8 juin 1791). — (106) Lettre de M. Toustain, lieutenant général à Rennes (23 juin 1791). — (107) Lettre de M. de Bougainville, datée du bord du *Jupiter*, rade de Brest (24 juin 1791). — (108) Lettre de M. Duportal, ministre de la guerre, au sujet de la vente de 4 couleuvrines (30 juin 1791). — (109) Lettre de M. de Fermont, député à l'Assemblée nationale (3 juillet 1791). — (110) Lettre de M. Durand de la Furonnière pour obtenir un délai de la municipalité (12 janvier 1792). — (111) Lettre de M. d'Armenonville (7 mars 1792). — (112) Lettre de M. Dessaudrais-Sebire, administrateur de l'Hôtel-Dieu (28 juillet 1792). — (113) Lettre de Monge, ministre de la marine, annonçant la nomination de Tréhouart au grade de capitaine de vaisseau (mars 1793). — (114) Lettre de Laffont-Ladebat, directeur principal de la Caisse d'escompte (16 mars 1793). — (115) Lettre imprimée et griffe de Garat, ministre de l'intérieur (17 juin

1793). — (116) Lettre de De L'homme, député, au sujet d'une calomnie contre Tréhouart (20 août 1793). — (117) Lettre de Pocholle, représentant du peuple en Ille-et-Vilaine, signalant le passage de la Loire par les Vendéens (fin 1793 an II). — (118) Lettre à Durville, représentant, annonçant le départ de Carrier pour Nantes (30 septembre 1793). — (119) Lettre de Cadene, général de brigade (7 novembre 1793). — (120 et 120 bis) Lettres de Guillemant, député, ayant trait : la 1re à la condamnation du rédacteur du *Père Duchesne* ; la 2e aux victoires remportées sur le Rhin (20 mars et 28 avril 1794). — (121) Lettre du citoyen Alquier, représentant du peuple (27 mars 1794). — (122) Lettre de Dalbarac, ministre de la marine, au sujet de l'armement (27 avril 1793). — (123) Lettre de Bertrand, représentant du peuple à Brest, mettant en réquisition tous les ex-nobles employés dans les administrations des postes (9 floréal an II). — (124) Lettre de O'Brien, président de la commission militaire, annonçant la condamnation et l'exécution d'un ex-prêtre (24 floréal an II). — (125) Lettre du général de division Chabot, pour remercier d'un don de vin fait aux troupes (28 thermidor an II). — (126) Lettre de Barennes, accusateur public de la Gironde, au sujet de l'attentat de Bordeaux contre des représentants du peuple (18 septembre an II). — (127) Arrêté signé Grenot, représentant, relatif aux indigents détenus (6 messidor an II). — (128) Lettre de Legris et Bouret, représentants du peuple dans le Morbihan (19 vendémiaire an III). — (129 et 129 bis) Lettres de Frossard, aide-de-camp du général Rey (2 ventôse an III). — (130) Autographe de Surcouf père, relatif aux rôles mobiliers de 1793 à 1794 (22 prairial an III). — (131) Lettre du représentant du peuple Mathieu, relative à la surveillance à exercer sur les prisonniers anglais (3 fructidor an III). — (132) Lettre du général Rey au sujet d'un règlement de police (4 pluviôse an IV). — (133) Lettre de Bellet, commandant de la place de Port-Malo, concernant les cartes de sûreté (5 pluviôse an IV). — (134) Lettre de Roulland, général de brigade (extrait des instructions du général Hedouville) (prairial an V). — (135) Lettre de Thirien, commissaire principal de la marine, au sujet de l'enlèvement des grains (24 frimaire an VI). — (136) Lettre du commandant Regnaud, refusant de participer à la fête du 14 juillet (12 messidor an VI). — (137) Lettre du général Michaud, au sujet de la protection du port (8 vendémiaire an VII). — (138) Autographe du général Bernadotte, qui fut roi de Suède (2 messidor an VIII).

LL. 171 (**S. 28.**) — Liasse, 30 pièces numérotées de 139 à 166 (1 n° bis)

1790-an VII. — Lettres et pièces diverses. — (139) Lettre de la municipalité de St-Servan pour défendre ses prérogatives au sujet des bannies à son de caisse (6 mars 1790). — (140) Pétition des officiers municipaux de Rennes contre les mesures prises par le gouvernement (24 mars 1790). — (141) Doléances d'un sieur Tardivel au sujet d'une comparution en justice (30 mars 1790). — (142) Réclamation de M. Sebire, ancien maire, au sujet d'avances de fonds par lui faites à la ville (juin 1790). — (143) Lettre de M. Bougainville à la municipalité (imprimé) (1er novembre 1790). — (143 bis) Lettre de M. Baude de la Vieuville, marquis de Châteauneuf, portant plainte au sujet des désordres commis chez lui par 500 pertubateurs (23 janvier 1791) (1). — (144) Lettre intéressante d'un prêtre de Dol (12 février 1791). — (145) Adieux de M. Le Saoût, curé, à la municipalité (6 janvier 1792). — (146) Adieux de M. Launay, prêtre, aux habitants (6 janvier 1792). — (147) Pétition de divers propriétaires pour obtenir paiement d'arrérages échus (26 avril 1792). — (148) Déclaration francophile d'un Anglais (9 mars 1793). — (149) Lettre au sujet d'envoi de munitions à Saint-Georges-de-Reintembault pour repousser les Vendéens (29 mars 1793). — (150) Certificat des autorités de Carouge, département du Mont-Blanc, en faveur du général de Carcaradec (10 mai 1793). — (151) Requête d'un sieur Le Forestier de la Bouexière pour obtenir l'exemption de fournir un remplaçant militaire au lieu et place de son fils émigré (11 mai 1793). — (152) Curieuse lettre anonyme contre le député Chaumont (1er juillet 1793) (2). — (153) Contrat au profit de Lefer de Chanteloup (5 juillet 1793). — (154) Avis de passage de Carrier à St-Malo (25 août 1793). — (155) Lettre des officiers municipaux de Granville, remerciements à l'occasion de combat contre les Vendéens (1er frimaire an II). — (156) Lettre du citoyen Nether demandant à se charger d'un enfant Torreaux dont le père et la mère sont morts ; à cette pièce est jointe une pétition datée du 12 nivôse an IV demandant l'annulation de l'adoption (23 nivôse an II). — (157) Lettre retraçant l'état de la ville de Lyon en 1793 (28 nivôse an II). — (158) Lettre de la société de Port-Solidor à l'occasion de la chûte de Robespierre (copie d'une adresse à la Convention nationale) (thermidor an II). — (159) Lettre au sujet des entraves apportées à la circulation monétaire (27 ther-

(1) Publiée par nous dans la *Revue d'Aleth* de juin 1903. H.
(2) Voir *suprà* LL. 164, pièce 42

midor an III). — (160) Extrait d'une délibération relative à une réquisition de fil (3 messidor an III). — (161) Lettre de la municipalité de Dol au sujet de l'approvisionnement de poudre que font les chouans (15 vendémiaire an IV). — (162) Lettre relative au projet de construction d'une digue entre St-Malo et le Grand Bey (21 vendémiaire an IV). — (163) Condition et règlement pour la vente à l'encan (24 prairial an IV).— (164) Procuration et brevet pour toucher une rente Jacotard (13 prairial an V). — (165) Assignation en paiement de loyer d'une maison rue des Forgeurs (19 fructidor an V). — (166) Lettre de l'armateur du corsaire *La Coquette* demandant l'autorisation de travailler un jour de décade pour réparer une grave avarie (19 vendémiaire an VII).

LL. 172 (**S. 29.**) — Liasse, 7 pièces

1790-1793.— Dossier de pièces diverses concernant la révolte à St-Domingue et aux Iles-sous-le-Vent.

LL. 173 (**S. 30.**) — Liasse, 41 pièces numérotées de 167 à 207.

1765-an IX. — Documents divers. — (167) Réponse du commerce de St-Malo à un mémoire sur l'étendue et les bornes des lois prohibitives du commerce étranger dans nos colonies (à remarquer, page 35, le paragraphe relatif à la pêche de la morue), imprimé (postérieur à 1765). — (168) Copies de lettres de St-Priest et de Necker, imprimé (10 novembre 1789). — (169) Procès-verbal de serment du roi, imprimé (14 juillet 1790). — (170) Rapport sur les travaux du Directoire d'Ille-et-Vilaine, imprimé (1790). — (171) Division géographique de la France d'après les bases physiques (1790). — (172) Adresse des membres de l'assemblée coloniale de la partie française de St-Domingue (27 février 1792). — (173) Adresse des " Amis de la liberté et de l'égalité " de Chambéry à la Convention nationale, imprimé (12 octobre 1792).— (174) Discours à l'occasion du succès des armes françaises en Savoie, imprimé (21 octobre 1792). — (175) Adresse des " Amis du peuple " de la Grande-Bretagne, imprimé (31 octobre 1792). — (176) Adresse d'une société allemande à l'occasion de la Révolution, imprimé (8 novembre 1792). — (177) Discours prononcé à la barre de la Convention par les Savoisiens résidant à Paris, imprimé (11 novembre 1792). — (178) Adresse du grand bailliage de Berg-Zabern (1) à l'occasion de la Révolution, imprimé (19 novembre 1792). — (179) Mention honorable de la Convention nationale en faveur des Malouins (17 avril 1793). — (180) Inventaire du mobilier de l'hôtel Granville de Grand-Clos-Meslé, émigré (an II). — (181) Discours à l'occasion de la fête de la Raison, imprimé (an II). — (182) Copie d'un arrêté du représentant Dartigoyette, envoyée par Allard, représentant dans l'Ille-et-Vilaine, imprimé (ventôse an II). — (183) Vers patriotiques et prière à l'Etre suprême, imprimé (floréal an II).— (184) Catalogue de la bibliothèque de Fournier de Varennes (an III). — (185) Requête adressée à Boursault, représentant du peuple (18 brumaire an III). — (186) Défense de Bourdet, notaire, au sujet d'achats qu'il aurait faits dans une vente publique, imprimé (nivôse an III). — (187) Déclaration des membres extraordinaires du comité de salut public dans l'Ouest, au sujet de la capitulation du fort Penthièvre à Quiberon, imprimé (14 thermidor an III). — (188) Procès-verbal constatant qu'il ne s'est rien trouvé de suspect dans les effets de 160 prisonniers anglais (fructidor an III). — (189) Comptes-rendus relatifs à la prise du vaisseau anglais *Alexander*, imprimé (an IV). — (190) Circulaire et questionnaire de Benezech, ministre de l'Intérieur (2 frimaire an IV). — (191) Proclamation du général Hoche, imprimé (20 nivôse an IV).— (192) Proclamation du général Valleteaux, commandant la brigade de St-Brieuc, imprimé (7 pluviôse an IV). — (193) Proclamation de l'administration départementale, imprimé (18 nivôse an V). — (194) Manifestation en faveur du général Klinger, commandant à Port-Malo, à l'occasion de son changement de résidence, imprimé (2 prairial an IV). — (195) Pamphlet à l'occasion des élections de 1798, imprimé (an VI).— (196) Discours du président du Conseil des Cinq-Cents pour l'anniversaire de la fondation de la République, imprimé (11 vendémiaire an VII). — (197) Pancarte donnant main-levée de séquestre des biens des héritiers Hamon (frimaire an VII). — (198) Opinion de Lemoyne, de Dieppe, au sujet de l'impôt sur le sel (ventôse an VII). — (199) Journal d'un voyage de Tréhouart sur les côtes d'Espagne (thermidor an VII). — (200) Arrêté du Département d'Ille-et-Vilaine suspendant l'exercice du droit de chasse, imprimé (14 fructidor an VII). — (201) Adresse de l'administration municipale au Conseil des Anciens (7 frimaire an VIII).— (202) Adresse du citoyen Challan, représentant du peuple au Département, imprimé (22 frimaire an VIII). — (203) Proclamation des consuls de la République, imprimé (28 frimaire an VIII). — (204) Proclamation des consuls aux départements de l'Ouest, imprimé (7 nivôse an VIII). — (205) Arrêté des consuls relatif à l'inhumation du corps de Pie VI, im-

(1) Bourg dépendant de la Bavière, sur l'*Erbach*, à 8 kil. N. de Wissembourg. H.

primé (9 nivôse an VIII). — (206) Proclamation de Bonaparte, imprimé (15 nivôse an VIII). — (207) Plan du combat de *La Confiance*, corsaire commandé par Surcouf, contre le *Kent*, vaisseau anglais (15 vendémiaire an IX).

LL. 174. (**S. 31.**) — Liasse, 6 pièces imprimées formant 4 plis numérotés de 208 à 211.

1792. — (208) Opinion de St-Just sur le jugement de Louis XVI (13 novembre 1792). — (209) Opinion de Morisson, député de la Vendée, au sujet du jugement de Louis XVI (même date). — (210) Deux affiches imprimées par ordre du ministre de l'intérieur et reproduisant l'opinion de Thomas Payne, député de la Somme, sur le jugement de Louis XVI (id). — (211) Deux affiches reproduisant l'opinion de Robert, député de Paris, sur le jugement de Louis XVI (id).

LL. 175. (**S. 32.**) — Registre relié parchemin, 95 feuillets écrits.

1783-an VI. — Répertoire de Me Le Roy, notaire à St-Malo, du 9 octobre 1783 au 5 frimaire an VI. — Contrat de vente d'une maison, faite par Mlle Marie Bernard aux époux Servan François-Pierre, pour 1.000 livres en espèces et 120 livres de rente dont 60 au profit de la venderesse et 60 sur la tête d'un sieur Henri Lesage, « acolythe », pour lui tenir lieu de titre clérical (9 octobre 1783). — Prise de possession par ledit Lesage de la portion de maison située au haut de la rue des Grands-Degrés (28 octobre). — Acte de vente et adjudication faite par le sieur Robert Surcouf, armateur du navire « Le St-Prest », et *ajugé* (*sic*) au sieur Lepelley pour 13110 livres (8 novembre). — Procuration consentie par le sieur Mannet au sieur Berubé Corantin afin de recevoir les parts de prises qui lui reviennent de l'armée combinée de France et d'Espagne sous le commandement de dom Louis de Cordora, « même ceux (*sic*) qui peuvent revenir à François Saint-André, son domestique (11 décembre). — Attestation donnée par Mathurin Lainé et Jean Laurard que Guiborel fut à la poursuite d'un chien enragé (11 mars 1784). — Acte d'engagement du navire « le St-Louis », d'environ 80 tonneaux, capitaine Jean Letürcq, armateur M. Foucher, armé de 13 hommes d'équipage, allant au banc pour y faire « la pesche de morue » (27 mars). — Acte d'engagement du navire « Le Chasseur », même destination (id.) — Acte d'engagement du navire « l'Entreprise », même destination (30 avril). — Prise de possession faite par les sieur et dame de Beaugrand d'une maison en plomb située à St-Malo, rue de Brevet (19 juillet). — Acte de notoriété attestant que les sieurs Marion, pour l'armement de leur corsaire « La duchesse de Poligné », ont fait venir de Liège une partie de leurs « canons, obuziers et periers » (6 septembre). — Transaction faite entre Jean-Baptiste Puel, officier navigateur à Granville, stipulant et garantissant pour le sieur Coquet, ci-devant second capitaine du navire « l'Heureux », de St-Malo, et le nommé Pierre Combaux, ci-devant matelot sur ledit navire, pour maltraitements que ledit Combeaux a reçus de la part dudit Coquet et autres officiers du même navire (27 novembre 1785). — Procuration donnée par Louis-Marie Harrington à M. Granjan de Montigny à l'effet d'appliquer au paiement du tiers de sa contribution patriotique des arrérages de ses rentes viagères. — (Page 56, est inscrit l'arrêté du registre, conformément au décret de l'Assemblée nationale). — Nombreuses procurations, engagements de navires, prêts à la grosse, assurances, nombreux armements de corsaires (dates diverses). — Ferme de la maison du « Lion d'or » à raison de 210 livres par an (28 prairial an V). — Etc...

LL. 176. (**S. 33.**) — Registre relié parchemin 52 feuillets écrits.

1791-5 vendémiaire an VII. — Registre du bureau de paix de Paramé, du 26 avril 1791 au 5 vendémiaire an VII. — Comparution d'un sieur Mauviel qui aurait maltraité gravement le fils Hüe (26 avril 1791). — Conciliation entre Duparc-Louvel le jeune et François Bameule, pour avarie à une vache (23 juin). — Conciliation entre Picot et Leprince, pour injures (16 ventôse an IV) (voir aussi f° 3). — Conflit entre Hue, Vizel, Ozanne et St-Verguet, pour l'écoulement d'un ruisseau qui va de la Bastille au Hindré (21 octobre 1791 f° 11). — Etc...

INDEX ALPHABÉTIQUE

INDEX ALPHABÉTIQUE

Le classement des archives de la période révolutionnaire formant une seule série, la série LL, il a paru suffisant d'indiquer le numéro de la cote, en regard de chaque article.

N. B. — Dans l'inventaire sommaire, la cote LL. 74 se trouve répétée deux fois, par erreur (à F 8 et G 1), mais on en fera aisément la distinction dans l'Index, la liasse G 1 ayant trait aux contributions ; nous avons, du reste, ajouté cette indication supplémentaire en ce qui concerne la liasse G 1.

A

B

C

D

E

F

G

H

I

J

K

L

M

N

O

P

Q

R

S

T

U

V

Imprimerie Malouine, P. CHENU, 1, rue de la Harpe, St-Malo.

www.ingramcontent.com/pod-product-compliance
Ingram Content Group UK Ltd.
Pitfield, Milton Keynes, MK11 3LW, UK
UKHW021113260726
13994UKWH00002B/867